我妻榮著

債權各論

上卷（民法講義V₁）

岩波書店刊行

序

この春、ヘーグの國際私法會議の特別委員會とフロレンスの國際農業法學會に出席し、それから、スイス、オーストリア、ドイツ、イギリス、フランスの諸都市を巡歴した。そして、知名の老教授が、祖國の復興におくれずに、それぞれ專門の學問に精進しておられる姿を見聞したり、歴史ある專門雜誌や教科書・註釋書が、戰後の新しい事情をとりこんで、めざましく復刊されている樣子を見て、わたしの研究心は大いにかきたてられた。もちろん、これらの雜誌や教科書の新刊は、東京大學の研究室でも手にすることのできるものばかりである。然し、雜務から解放され、三十年前の留學當時を想い浮べながら、書店の棚に並んでいるこれらのものを見る感激は、ひとしお深いものであつた。そして、民法講義を完成し、資本主義と私法に關する終生の研究を續けようと、決心を新たにしたのであつた。

昭和二十五年にアメリカに旅行した際にも、全く同じような感激を味わい、同じような決心をしたのであつたが、雜務に追い廻わされて、ほとんど何の實も結ばなかつた。そこで、この夏、輕井澤で、債權各論の稿を起こした。然し、いろいろの委員會や打ち合わせの會合に四度も上京しなければならない身では、もちろん休暇中に完成することはできない。しかも、九月に東京に歸つてからは、稿を續ける餘裕はほとんどない。とりあえず、契約總論だけを出版することにした。それが、この本である。ヨーロッパ旅行からもち歸つた感激と決心のなくならないうちに、續稿を完成したいと願つている。
この本の内容については、何もいうことはない。一昨年物權法を改版した際の氣持と同じで、「もはや大學の講義用テキスト・ブックの用をなさない。民法を少し詳しく研究しようとする人にとつての參考書である。」

わたしが雜務に惱まされていることに深く同情し、わたしが「民法講義」を完成することを誰にもまして期待して下さつたのは、松本烝治先生である。先生のご存命中にせめて債權各論だけでも書き上げたいと思つていたのだが、先生はひと足先に他界された。先生の靈にこの本のできたことを報告して、先生から受けた直接間接の激勵に對してお禮を申し上げたいと思う。

この本の校正は、東京大學特別研究生の川井健君がやつて下さつた。下巻につける索引も同君に賴まねばならない。これらをあわせて、ここにお禮を申し上げておくことにしよう。

昭和二十九年十一月

東京大學法學部研究室にて

我妻　榮

略語

一、大判（決）昭和九・六・一五民一〇〇〇頁……昭和九年六月一五日大審院民事部判決（決定）大審院民事判例集（大正十年以前は民事判決録）一〇〇〇頁所載

大刑判……大審院刑事部判決

最高判……最高裁判所判決

一、判民昭和一六年度一六事件（末弘）……判例民事法昭和一六年度一六事件末弘嚴太郎評釋（年度を示さないのは、判決と同一年度）

一、新聞……法律新聞　法協……法學協會雜誌　民商……民商法雜誌　志林……法學志林　論叢……法學論叢

一、鳩山……鳩山秀夫著　増訂日本債權法各論（大正一五年）

石坂……石坂音四郎著　日本民法債權總論下巻（大正五年）

末弘……末弘嚴太郎著　債權各論（大正七年）

横田……横田秀雄著　債權各論（大正一〇年）

末川……末川博著　契約總論（昭和七年）

池田……池田寅二郎著　債權各論上巻（昭和九年）

林……林信雄著　判例を中心としたる債權法各論（昭和一〇年）

田島等……田島順・柚木馨・川上太郎・三木正雄・伊達秋雄・近藤英吉共著　註釋日本民法（債權編契約總則）（昭和一二年）

Oertmann, ……Oertmann, *Kommentar zum bürgerlichen Gesetzbuch*, 1928〜9（各條文〔§〕または前註〔Vorb.〕で引用する)。

Enneccerus, ……Enneccerus-Kipp-Wolff, *Lehrbuch des bürgerlichen Rechts*, II. Band, *Recht der Schuldverhältnisse*, 14. *Bearbeitung von Heinrich Lehmann*, 1954（全卷の通し番號〔§〕で引用する)。

Oser, ……*Kommentar zum schweizerischen Zivilgesetzbuch* Bd. V 1, *Das Obligationenrecht*, 1929〜38（各條〔Art.〕の註釋の通し番號〔Nr.〕で引用する)。

Colin et Capitant, II, ……*Cours élémentaire de droit civil français par Colin et Capitant*, tome deuxième, 10. éd. par Julliot de la Morandière, 1953（全卷の通し番號〔no.〕で引用する)。

Planiol, II, ……*Traité élémentaire de droit civil de Planiol*, refondu et complété par G. Ripert et J. Boulanger, tome deuxième, 4. éd., 1952（全卷の通し番號〔no.〕で引用する)。

以上の他の論著は書名を掲げる。

一、なお、拙著　民法總則・物權法・擔保物權法・債權總論（民法講義Ⅰ・Ⅱ・Ⅲ・Ⅳ）は最新版により、それぞれ、總則・物權・擔保・債總として引用する。

目　次

第一章　債權法各論序說

〔一〕　一　民法典は、第三編債權を總則・契約・事務管理・不當利得・不法行爲の五章にわけているが、最初の總則は、債權そのものについての規定であり、後の四つは、債權發生の原因に關するものである。そして、講學上、總則に關する研究を「債權總論」と呼び、債權發生の原因に關するものを「債權各論」という。本書は、この通稱に從つて、債權各論を說くものである（債總〔一七〕參照）。

〔二〕　二　現代法における債權發生の原因は、疑いもなく、契約及び不法行爲をもつて最も重要なものとなし、不當利得及び事務管理がこれに次ぐ。然し、債權發生の原因は、この四つのものに限られるのではない。いな、法律事實のほとんどすべての種類に亙り、何等かの債權を發生するものがあるといつても過言ではない（總則〔二六六〕・〔二六七〕參照）。然し、それらは、いずれも、特殊の制度ないし權利に附隨するものであつて、獨立に債權發生の原因として研究する必要はない。

やや問題となるのは、契約と同樣に意思表示を要素とする法律要件たる單獨行爲と合同行爲である（總則〔二七五〕參照）。もつとも、このうち、合同行爲は、團體法の一部として研究されるべきものであつて、債權各論の一部とするに適さない。これに反し、單獨行爲については、民法の規定する遺言・寄附行爲などの他に、一般に債權發生の原因としてこれを認め得るかどうかが問題となる。ある人の單獨行爲によつて、その表意者以外の者に債務を負擔させることを自由に認め得ないことはいうまでもない。然し、單獨行爲によって表意者自身がその表示に從った債務を負擔することを認めることは、必ずしも不當ではない。多くの學者は、――ローマ法以來多くの立法例がこれを認めないこと（ドイツ民法三〇五條は、債權關係の發生・變更には、法律に別段の定めのない限り、契約を必要とすると定める）と、實際上その必要の少ないことを理由として、――わが民法においても、特に規定する制度以外には、單獨行爲を債權發生の原因と認めない趣旨だと說く（鳩山三頁、末川五頁等參照）。強いて反對するにはあたらないであろう。然し、かような考え方は、ともすると、すべての法律關係を契約理論で說こうとして、技巧的な說明をする弊に陷いり易い。ことに、元來、契約は、個人對個人の人的關係の上に成立する制度だから、現在のような複雜な取引關係における不特定多數の者を相手とする法律關係について契約理論を貫こうとする場合には、しばしばその弊が目につく。有價證券の發行、白紙委任狀附記名株式の讓渡（總則〔三四七ノ二〕參照）、いわゆる附合契約（〔二七〕參照）、懸賞廣告（〔一〇三〕・〔一〇四〕參照）などがその例である。これらの場合にも、契約理論でこれを說くことは、不可能ではあるまい。然し、新しい制度を正しく理論づけるためには、必要に應じて、契約理論を棄てるか、少なくとも傳統的な契約理論を大幅に修正する覺悟が必要である。

三　民法典のいわゆる債權各論の內容はつぎの如くである。

〔三〕 (1)契約　(イ)民法典は、最も詳細な規定をおく。すなわち、第一節を「總則」として、契約の成立・契約の效力・契約の解除の三款を設け、ついで、第二節以下に、贈與・賣買・交換・消費貸借・使用貸借・賃貸借・雇傭・請負・委任・寄託・組合・終身定期金・和解の十三種の契約について規定する。然し、これらの規定は、社會に多く行われる典型的な契約について解釋の標準を示したに過ぎない。當事者は、これらの契約についても、原則として、民法の規定と異なる內容を定めることができるだけでなく、十三種類のいずれにも屬さないような内容の契約を締結することも、原則として、自由である(〔六〇〕・〔六一〕參照)。だから、民法が債權編に十三種類の契約について規定したことは、物權編に九種類の物權を規定したこととは、全くその意味を異にする(物權〔三六〕參照)。

(ロ)然し、民法の契約についても、大きな推移が見られる。すなわち、契約自由の原則が次第にその絶對性を失い(〔一九〕—〔二七〕參照)、契約法の任意法規性が次第に縮限する(〔五八〕參照)に従つて、民法の契約の規定は、その獨自性を失つてゆく。勞働者の契約關係が、ほとんど全く「雇傭」の規定から離れて、いわゆる勞働立法(勞働基準法・勞働組合法・勞働關係調整法など)によつて規律されていること、及び、「賃貸借」の規定が、宅地・建物・農地の貸借に關して、特別法(建物保護法・借地法・借家法・農地法など)によつて重大な修正を受けていることは、その最も顯著な事例であるが、「賣買」・「消費貸借」・「請負」などについても、特別法による直接間接の規整がすこぶる多い(〔五一〕—〔五七〕參照)。民法の規定の適用を理解するに當つて、とくに注意を要することである。

(ハ)契約は、法律行爲のうちで最も重要なものだから、民法總則編の法律行爲に關する規定(九〇條—一三七條)は、契約について適用される場合が最も多いものであることを注意すべきである(立法としての當否は別だが、フランス民法は、法律行爲の通則を契約の中に規定する(同法一一〇九條以下參照))。

〔四〕 (2)事務管理は、後に詳述するように、意思表示を要素とするものではないから、契約ではない。いわゆる非表現行爲の一種である(總則〔二六〕參照)。従つて、これを契約の章に入れなかつた民法典の態度は、甚だ論理的である。その態度は、フランス民法に近い。同法は「契約によらない債權の發生」の章の中に

「準契約」（des quasi-contrats）として、「不法行爲及び準不法行爲」（des délits et des quasi-délits）と並べて規定する（同法一三七〇條以下）。これに反し、ドイツ民法（同法六七七條以下）、スイス債務法（同法四一九條以下）は、ともに、「委任のない事務の處理」（die Geschäftsführung ohne Auftrag）として、「委任」（Auftrag）の節のつぎに規定している。實際上の便宜によつたものであろう。

〔五〕 (3)不當利得が統一的な制度とされたのは、比較的新しいことである。フランス民法が、右に一言したように、「準不法行爲」としたのは、沿革に基づくものであろう（ローマ法では債權發生の原因は、契約と不法行爲に分けられ、その後、事務管理は前者から、不當利得は主として後者から、分化したものである）。然し、その法律的性質は、「事件」（人の精神作用を要件としないもの）であるから（總則〔二六六〕參照）、獨立の制度とした民法の態度が妥當である。ドイツ民法（同法八一二條以下）及びスイス債務法（同法六二條以下）は、ともに、「不當利得」（ungerechtfertigte Bereicherung）として、これに「契約」（Vertrag）及び「不法行爲」（unerlaubte Handlungen）と對立する地位を與えている。

〔六〕 (4)不法行爲は、契約と並んで、最も古い制度であるが、現在においても、その意義はますます重要である。ことに、「過失責任の原則」は、「契約自由の原則」と表裏の關係に立ち（個人の意思が、合法的に活動すれば契約となり、違法に働けば不法行爲となる）、「私所有權の絕對の原則」とともに、近代私法の三大原則を構成するものとされたが、契約自由の原則が制限を受けるとともに、過失責任の原則もまた無過失責任によつて緩和されつつあることは、すこぶる注目すべき現象である。

第二章　契約總論

第一節　序　論

第一款　契約の社會的作用

〔七〕 **第一**　人類文化の發達と契約關係の擴張

一　契約という觀念は、決して新しいものではない。然し、各人の生活關係は悉くその意思（合意）に基づいて規律されなければならないという契約至上主義の思想は、近代法の特色である。それは、人類の長い歴史の間に、契約によつて規律される生活關係が次第に擴張した結果として到達された近代法の一大原則である。すでに民法總則で詳述したように、自然人の權利能力は、長い歴史を經て次第に擴張され、近代法に至つて、はじめて、すべての自然人は平等の權利能力を有するという原則に到達したものであるが、契約關係の擴張は、あたかもこれと表裏をなすものである。けだし、權利能力の主體たる地位は、これを動的にみれば、財産を所有し得ることと契約を締結し得ることを意味する――いいかえれば、權利能力は、財産所有と契約締結の理論的前提であり、財産所有と契約締結とは、權利能力の現實の姿だ――からである。そして、各人を權利能力の主體として、他人の支配から解放し、その自主性を確立することは、疑いもなく、文化の向上なのだから、人類文化の發達の過程は、「身分から契約へ」という標語で示されることになる（總則〔三二〕・〔二六八〕參照）。左に、主要な點における契約關係の擴張の經過を列記しよう（我妻「近代法における債權の優越的地位」第四章「債權による經濟組織の維持」參照）。

〔八〕 二　他人の土地その他の生産手段の利用關係　家族的農業時代には、家長は、土地その他の生産手段とこれを利用する家族構成員とに對する包括的な支配權（ゲルマン法の munt. ローマ法の manus）をもつていたから、他人の土地その他の生産手段を利用する法律關係は、殆んど存在する餘地がなかつた。封建時代に入つてはじめて、領主は廣大な土地を領有し、家臣や農民は、これを利用するために、領主と采邑關係（Lehnverhältnis）を結ぶようになつた。これは一種の契約關係である。もつとも、この契約は、一方の庇護と他方の奉仕とを内容とする人的支配關係を設定するものであつて（農民の移住を禁じ、強制勞働を課し、結婚を強制し、その子を優先的に雇うなどの權利をもつていた）、近代法の契約とは趣を異にした。然し、この領主と農民の關係は、その後、次第に、身分的支配・服從關係の色彩を薄くして――領主の土地支配權が純粋な物的支配（自由なる所有權）に近づくに應じて――近代的契約に近づいてきたものである。

また、封建時代において土地支配と並んで重要な意義をもつていた都市の手工業者の生産設備の利用關係においても、最初は、家長（親方）が生産設備とこれを利用する家族構成員に對して包括的な支配權をもつていたから、他人の生産設備を利用する關係は、殆んど重要性をもたなかつた。然し、中世都市經濟が崩壞するに應じて進出してきた商人階級は、次第に、生産設備に對する親方の地位を奪い、これをその支配に收めたので、親方は、商人との間に、何等かの契約關係を設定して、生産設備を利用しなければならない場合が多くなつた。

かようにして、他人の土地その他の生産手段を利用する關係は、最初は、身分的支配關係の一面であつたが、漸次、法律的に對等な人格者（Person）の間の地上權・永小作權などの設定契約又は賃貸借契約によつて支持されるようになつた（物權〔二四九〕・〔二五〇〕參照）。しかも、資本主義の進展に伴い富の集中を生ずるに從つて、社會に存在する土地その他の生産手段を現實に利用する關係の大部分は、——自己の所有に屬するものをみずから利用するのではなく——他人の所有に屬するものを賃貸借契約によつて利用するものとなつた。

〔九〕 **三　他人の勞働力の利用關係**　前段に述べたことからおのずからわかるように、家族的農業時代において家長が家族構成員（家兒・僕婢・不自由民など）の勞働力を利用する關係も、中世都市手工業における親方が職人・徒弟などの勞働力を利用する關係も、ともに、身分的支配權の作用であつた（純粹の家族員でない者は家族員に準ずるものとされたわけである）。また、封建領主が采邑關係にある家臣や農民の勞働力を利用する關係も、封建的身分的支配權の作用であつた。然し、前段に述べたように、領主の土地に對する支配權と親方の生産設備に對する支配權が、漸次、純粹に物的な支配權となり、身分的支配權たる性質を失うに從つて、そこから解放された自由民の勞働力を利用するためには、これらの者との間の雇傭契約に頼らなければならなくなつた。そして、資本主義の進展とともに、企業組織が大規模となり、多數の者の勞働力を結合しなければならなくなるに從つて、雇傭契約は、いよいよ重要性をもつようになつた。

〔一〇〕 **四　生産物の交換**　餘剩生産物を相互に交換することは、家族的農業時代にも、その家長の間には行われたであろう。封建時代にも、封建領主間においてはもとより、その支配下にある家臣や農民の間にも、決して稀ではなかつたと思われる。のみならず、貨幣の出現によつて、これらの交換は、すでに賣買の形式をとつたであろう。然し、これらの經濟組織は、いわゆる自給自足を本質としたから、交換―賣買は、その社會の經濟組織を支持するほどの重要性をもち得なかつたことも疑いないところであろう。賣買が缺くべからざる重要性をもつようになつたのは、都市經濟が確立してからである。けだし、ここに至つてはじめて、自分の生產物を賣つて食糧品を買わなければ生存し得ない手工業者階級を生じたからである。もつとも、中世の都市經濟組織の隆盛期においては、その生產と賣買に對して、同業者組合及び都市の强力な統制が存在したので、賣買は、なお、社會の意識的統制の檻の中に封じこめられていた。然し、やがて新興商人階級の活動が活潑となるに及び、同業者組合と都市の統制力は次第に減退し、一方、親方は、自分の創意に基づいて製作した物を商人に提供する（賣買）獨立の立場を次第に失い、商人の注文に應じ、その提供する見本や材料によつて製作し（製作物供給契約）、さらには、その提供する設備を利用して專ら製作に從事する（その關係は請負から雇傭に近づく）ようになるとともに、他方、商人の手に入つた製作物は、純粹に商品たる性質をもち、何等の統制のない賣買契約の目的とされるようになつた。同時に、農業生產物も、農民の土地利用關係が貨幣地代による小作契約的性質（賃貸借）を增すに從い、農民の手許から直ちに商品として賣買の目的とされるようになつた。

　かようにして、社會の物資は、悉く、賣らんがために（商品として）生產されるようになり、賣買は、社會の經濟組織を支持する中心的な制度となつた。そして、この關係は、やがて機械が發明され、自然力が利用され、大規模の生産組織（工場）を産み出すに及んで、ますますその歩を進め、最後には、――長く交換經濟の範圍外におかれた――土地そのものをも、商品として、活潑な賣買取引の目的とするようになつた。まことに、今日における商取引にまつわる複雑な制度――手形・倉庫・運送・保險など――は、悉く、商品賣買を樞軸として運轉されているといつても過言ではない。

〔一一〕 **五** 他人の貨幣の利用　日常生活の困窮を救うために、他人の所有する物資を借りて消費すること（消費貸借）も、極めて古い現象であろう。然し、封建制度の終りまでは、多かれ少なかれ、身分的支配に伴う恩恵的性質をもつたもののようである。そして、そこには、――たとい實效が伴わなかつたにもせよ――利息に對する嚴格な制限が行われるのを常とした。

生産のための資本として他人の資金を利用する制度が發達したのも、封建制度が崩れて生産の自由と生産品賣買の自由が認められるようになつてからのことで、主として商人階級による手工業者及び大農經營者に對する融資にはじまるといつてよいであろう。そして、資本主義の進展とともに、他人の資金を利用する必要がますます増大し、この目的のためにも、多くの新しい制度が考案された。株式會社・社債・銀行などがその最も重要なものであるが、物的擔保制度の著しい發達も、これと歩調を合わせるものである（擔保〔一〕以下・〔一三六〕參照）。

第二　近代的契約の特色

〔一二〕 **一**　前段に一言したように、契約、すなわち、當事者の合意によつてその法律關係を規律するという觀念は、必ずしも新しいものではない。然し、以前から存在した契約と近代的契約との間には、著しい差異がある。前段（〔七〕―〔一一〕）に述べたところを要約すると、近代以前の契約は、――

（イ）第一に、それによつて當事者の負擔する給付の内容は、量的にも質的にも一定していない。封建的な土地利用關係（采邑關係）においては、領主は土地の利用權能を與えるのだが、それは、むしろ、生活のすべてに亙つて庇護を與えるという廣汎な給付の一内容ともいうべきものであつた。そして、これに對する家臣や農民の給付たる勤勞や貢納・賦役も、それ自身その量が一定していないことが多いのみならず、それらのものの給付は、もつと廣い範圍に亙る奉仕の一内容たる性質を帶びていた。また、中世の手工業における親方と職人・徒弟との契約關係でも、親方は、養育し、技術を習得させ、やがて一人前の親方に育てるという廣汎な義務を負い、これに對して、職人・徒弟は、廣い範圍に亙る奉仕の義務を負うものであつた。

（ロ）第二に、その契約によつて設定される關係は、著しく身分的支配關係の色彩を帶びていた。封建制度そのものが土地に對する支配と人に對する支配との結合したものだから、その支配關係を設定する法律要件（采邑の供與）は、たとい契約といい得るにしても、その内容が身分的支配關係の設定であることは、もとより當然であろう。また、手工業における親方と職人・徒弟との關係においては、これらの者が親方に雇われることによつて親方の家族の一員となり、當時なお強力であつた家長權に服するようになつたことは、すでにその關係の身分的支配關係であることを示すものである。

（ハ）第三に、それらの契約は、當時の社會組織を規律する秩序の一部を補充するものに過ぎない。封建制度なり中世都市經濟なりは、それ自身として、彼等の意思に基づかない客觀的な規範によつて秩序立てられていた。従つて、右の契約の占める役割は、比較的小さい。そして、より大きな社會的統制に服していた。

〔一三〕 **二**　これに反し、近代的契約においては、——

(イ)第一に、それによつて當事者の負擔する給付の内容は、量的にも質的にも一定している。いいかえれば、契約當事者は、負擔する給付の一つ一つについて、その意思によつてこれを吟味すべきものとされている。けだし、そうすることによつてはじめて、各人の生活關係は、專らその意思に基づいて規律されるということができるからである（わが國の女中の雇傭や農民の小作關係が必ずしもそうなつていないことは、それらのものがそれだけ近代的契約の性格を帶びていないことを意味する）。

(ロ)第二に、その契約によつて設定される關係は、單に物質的な給付に限り、身分的な支配關係を伴わない。けだし、各人が等しく人格の主體とされ、他人の支配に服さないことが近代法の特色だからである（わが國の女中の雇傭や農民の小作關係については、前段と同じことがいえる）。

(ハ)第三に、近代法においては、契約はすべての——少なくとも私法的な——社會關係を設定する要件とされる。これを離れた客觀的な秩序はない。從つてまた、これを統制する一般的な社會規範も存在しない。

第三　近代的契約の作用とその規整

〔一四〕 **一**　近代的契約は、すべての個人を自由な人格者と想定し、これに對して、財産を所有しこれを利用する平等な可能性を保障するものである。從つて、近代的契約が實際上どのような社會的作用を營むに至つたかは、各個人がその可能性を現實にどのように利用したかを見なければならない。然るときは、少なくともその初期においては、各個人をして、その創意に基づいて、その財産を自由に利用し、その經濟關係を合理的に處理することを得させて、資本主義文化の異常な發達を促がしたことは、否定することができない。いいかえれば、個人の創意を最大限に發揮させたことが資本主義發達の原動力であるが、近代的契約は、正にこの創意を活用させる任務を擔當したものである。

然し、資本主義の發達とともに、私所有權の偏在を生じ、近代的契約は、所有する者が、所有せざる者に對し、その經濟的に優勢な地位を利用する手段と化するようになつた。極言すれば、近代的契約は、自由なる所有權と結合することによつて、他人を支配する制度に轉化するに至つた。

ここにおいてか、法律の指導原理は、各個人を抽象的な「人格」（Person）として取り扱うことから一歩を進め、これを、貧富・强弱・賢愚の差別のある具體的な「人間」（Mensch）とみて、これに「人間らしい生存能力」を保障しようと努めるようになつた（總則〔三四〕參照）。そして、その限りにおいて、近代的契約もまた、自由なる所有權とともに、種々の方面からする社會の意識的統制に服するようになつた（物權〔一二〕・〔二四九〕・〔二五〇〕參照）。

もつとも、契約の觀念が、近代以前のものから近代的なものに推移したといつても、それは、世界の大きな潮流についていつていることであつて、國により、また生活關係によつては、近代的契約に推移せずに、なお前近代的特質を留めているものも殘存する（わが國の女中の雇傭や小作の關係につき前述〔一三〕イロ參照）。そして、かような契約については、國家の積極的な關與によつてその近代化がはかられることもある。この場合にも、當事者の締結する契約の形式・內容に對して國家が規整を加えるのであるから、少なくとも形式的には、契約の自由に對する統制ということができるであろう。然し、その實質的内容においては、右に述べた近代的契約の統制とは大いに趣を異にすることに留意しなければならない（總則〔四〕參照）。

〔一五〕 二　他人の土地を利用する關係として、近代法は、一定の種類の制限物權と賃貸借契約の二つの制度を認めるのを常としているが、利用者に比較的强力な權限を與える制限物權は、實際上利用されることが少なく、多くは賃貸借契約による。しかも、その内容は、ますます所有者（貸主）に有利なものとなつてきた。そこで、多くの國において、借地人・借家人・小作人の地位を强化するために、これらの者の締結する賃貸借に對して統制を加えるようになつた。

わが國でも、明治の末葉から、多くの特別法（建物保護法・借地法・借家法・罹災都市借地借家臨時處理法など）が制定され、宅地及び建物の賃貸借に關する限り、民法の規定は大きな修正を受けている（物權〔三七三〕―〔三七六〕參照）。また、農地の小作關係は、戰後の農地改革（農地調整法の根本的改正と自作農創設特別措置法の制定）によつて、一躍自作農に轉化され、僅に殘る小作契約（賃貸借）も、農地法によつて規律される部分が多くなつた。もつとも、わが國の小作關係は、なお近代的契約の性格を備えない點が多いために、農地法の規整には、その近代化をはかろうとしている點も存在することに注意しなければならない（物權〔四三八〕―〔四四六〕參照）。

〔一六〕 三　他人の勞働力を利用するための雇傭契約は、近代的契約が最もその弊を曝露した領域である。その理由は、巨大な資本を有する者と無産の大衆との對立を生じたためだけではない。近代產業の利用する大工場組織は、多數の勞働者を一定の秩序に從つて働かせることを不可避とするために、その雇傭契約の内容は定型化し、各個人の個別的折衝の餘地をなくしたことも、その大きな原因である。そして、その結果、勞働契約の內容は、事實上使用者の一方的に定めるところに從うことになり、またその必然の結果として、專ら使用者の利益に傾くことになつた。ここにおいてか、各國は、一方、勞働者の團結を認めて、使用者との間に團體的折衝をする途を確保するとともに、他方、勞働契約の內容に對して種々の法律的規整を加えるようになつた。

わが國でも、明治の末期から、この線に沿つた幾多の立法が試みられたが（工場法・健康保險法・工場勞働者最低年齡法・勞働者災害扶助法・商店法など）、戰後、右の原理を憲法（二七條・二八條）に明定するとともに、勞働基準法・勞働組合法・勞働關係調整法の三大立法をはじめとして數多の特別法を制定してその關係を規律している。その結果、民法の雇傭の規定は、ほとんどその存在意義を失い、勞働契約として、新たに興つた勞働法學の研究對象とされている。

〔一七〕 **四**　資本主義の發展に從つて、すべての物資は、原則として、賣るために（商品として）生産されるようになり、しかも、その生産と賣買は、專ら利潤の追及を原動力とし、その物資の有する社會的な價値の大小も、需要の多寡さえも、考えずに行われるようになつた。その結果、一方では、購買力と利潤の少ない物資は、いかに人類の生存に不可缺なものであつても、容易に生産と賣買の目的とされないようになり、他方では、しばしば過剩生産の結果となつて恐慌の襲來を受け、社會經濟の破壞を導くようになつた。もつとも、この後の弊害に對しては、生産者や販賣者の間の協定・結合（カルテル・トラストなど）によつて、これを輕減する手段が講じられるようになつたが、それはまた、同時に、消費者（買主）を不當に苦しめる結果となりがちであつた。なおまた、土地を商品として賣買取引の目的とすることは、他人の土地を利用する者の地位を甚しく脆弱なものとし、國民の産業と居住の基礎を脅かすようになつた。ここにおいてか、各國は、いずれも、國民の生活必需品についての生産と賣買に對して、何等かの手段によって干渉して、最小限度の量を確保しかつその價格を抑制する途を講ずるようになつた。また、同業者間の協定・結合に對しては、或いはその內容に國家の監督を加え、或いはこれを一定の限度に止めることによつて、その賣買取引が賣主の一方的な利益とならないように努めざるを得なくなつた。なおまた、土地については、或いは利用者の地位を確保し、或いはその取引に制限を加えるようになつた。

わが國においても、主要食糧をはじめ、纖維品・肥料・電力・ガスなどの必需品に對する直接・間接の統制が今日なお强力に行われている（食糧管理法・物價統制令・公益事業令・ガス事業法・國際的供給不足物資等の臨時需給調整法などの他、多くの行政的措置）。また、同業者間の協定・結合に對しては、いわゆる獨禁法による監視が行われている（私的獨占の禁止及び公正取引の確保に關する法律の他、不正競爭防止法など）。そして、他人の土地の利用者の地位は、前記のように大いに强化されたのみならず、農地の賣買には重要な制限が加えられている（農地法）。もつとも、これらの統制を目的とする法令は、民法の賣買の規定を直接に修正するものではない。然し、賣買の規定に豫定されている締約の自由や內容決定の自由が制限され、專ら民法の規定によつて規律される賣買取引は案外少ないともいえるのである。

〔一八〕 **五**　廣い意味での消費貸借も、これを當事者の自由な契約にまかせるときは、——合理的な資金は確實な物的擔保の存在するところにだけ集中されるようになるから——窮乏する大衆は、その消費信用において、ますます高利に苦しむことになり、また、中小企業者は、生産のための合理的な融資を受ける途を閉ざされることになる。のみならず、大企業者の生産信用においても、次第に、巨大な力を有する貸主（金融資本）のために、企業の死命を制せられるようになる。すなわち、これらの者の間の融資契約は、最初は、他人の資金を利用する者（借主）を主として考えられていたが、その後次第に、資金を他人に利用させる者（貸主）を主として考えられるようになつた。抵當權制度が、次第に投資抵當權としての特色を備えてきたこと（擔保〔三一〇〕以下參照）は、その變遷を示すものであるが、銀行を通じての投資制度の發達は、正にそのことを物語るものである。そして、その結果、金融資本による全産業の支配という現象を生ずるに至りつつあるのである（債總〔三〕物權〔一〇〕參照）。ここにおいてか、各國は、一方、高利を取締るとともに、他方、何等かの形式における公的な資本の供與を試み、さらに、巨大な金融資本に對して、何等かの規制をしようとするに至つた。

わが國においても、一方では、貸金業者を取締り（貸金業等取締法―昭和二九年に「出資の受入、預り金及び金利等の取締等に關する法律」に統合）、高利を禁止し（利息制限法）、公的な生活資金や住宅資金の供與を試み（公益質屋・住宅金融公庫・國民金融公庫・信用金庫・勞働金庫などの諸制度及び産業勞働者住宅資金融通法など）、中小企業者の融資の途を講ずるとともに（中小企業金融公庫の他、中小企業信用保險法・中小企業安定法など）、他方では、巨大な金融資本の活動に規整を加えようとしている（臨時金利調整法・外資に關する法律などの他、獨禁法で銀行が他會社の株式保有を制限していること、日本銀行を通じての金融の操作などが主要なもの）。これらは、いずれも民法の消費貸借の規定を直接に修正するものではない。然し、それにしても、實際上民法の規定の適用を左右していることは、見逃すことのできない事實である。

なお、廣い意味での消費貸借にいわゆる消費寄託（預金・預け金など）をも含ませるときは、そこでは、貸主に當る者（消費寄託者）の地位は――組織のない大衆であるために――極めて劣弱である。これを自由な契約に放置するときは、その地位がおびやかされるおそれがある。そこで、これに對しても國家的監督が次第に强くなつている。銀行に對する監督の强化がその適例であるが（貯蓄銀行法・相互銀行法・無盡業法など）、最近の「出資の受入、預り金及び金利等の取締等に關する法律」（昭和二九年法一九五號）もその適切な一例である。

第二款　契約の自由とその制限

〔一九〕

第一　契約自由の原則の成立

契約自由の原則（個人意思の自治）は、私所有權絶對の原則（私有財産權の絶對）・過失責任の原則（自己責任）とともに近代私法の三大原則と呼ばれる（總則〔九〕參照）。契約自由の原則も近代法に至つて突如として認められたものではない。利息の自由、違約罰の自由（四二〇條一項、債總〔一八二〕參照）、賣買代金決定の自由（laesio enormis（大損害）すなわち賣買代金が實價の半額に充たないときは賣主は解除權を取得する（フ民一六七四條以下に殘存する））、債權讓渡價格決定の自由（lex Anastasiana（債權の讓受人は、對價として支拂った額以上を債務者から請求し得ないとする勅令）の廢止）などと個々の制度における契約の自由が認められ——さらに、夫婦財産契約・遺言による處分・相續人設定契約などにおける自由の擴張と相應じて——次第にその範圍を擴張して、遂に、スイス債務法第一九條一項の規定（「契約の内容は法律の範圍内で自由に定めることができる」）のような一般的原則に到達したものである。

わが民法には、右のスイス債務法のような一般的な規定はない。僅に、第九一條がそのことを示すに過ぎない。けれども、第九〇條以下の規定も、債權編中の契約に關する規定も、すべては、契約自由の原則を前提するものと解釋されている。そして、この原則は、今日においては、前段に述べたように、あらゆる方面から制限を加えられている。つぎにその主要な形式を列記する。

第二　締約の自由とその制限

〔二〇〕　一　契約自由の原則は、第一に、契約を締結するとしないとの自由を前提する。ところで、契約は、申込と承諾によつて成立するのが普通だから、締結の自由は、さらに、申込の自由と承諾の自由にわけられる。申込の自由とは、私法的法律關係におよそ何等かの變動を生じさせるかどうかは、専ら私人の創意にまかせようとするものであり、承諾の自由とは、すでに或る私人がその創意に基づいて私法的法律關係に何等かの變動を生じさせようとして、一定の者を選んでこれと契約を締結しようとした場合にも、その相手方に選ばれた者がそれに應ずると否との自由を有することである。從つて、申込の自由を制限する（申込の義務を課する）方が、承諾の自由を制限するよりも、締約の自由に對する一層强度の制限であることは、いうまでもない。

なお、締約の自由に對する社會的立場からの制限の他に、當事者間の契約その他によつて締約の自由が制限される場合がある。すなわち、——

（イ）當事者の意思で締結の自由を制限すること、すなわち、當事者の一方または雙方のうちのいずれかが將來申込をした場合には、相手方が承諾しなければならない、と定めることは、契約自由の原則の一表現として、もとより有効に認められる。豫約がこれに當る。もつとも、民法は、後に述べるように（〔六八〕）、豫約があるときは、豫約權利者（本契約の成立について發意し得る者）の意思表示だけで契約は成立する（相手方の承諾を必要としない）ものとしている（五五六條・五五九條參照）から、理論的にいえば、相手方（豫約義務者）に承諾義務を課しているのではない。然し、承諾の自由（諾否の自由）がないという點では、承諾義務があると同様であることは、容易に理解し得るであろう。

(ロ)後に述べるように、慣習上、申込を受けた者が拒絶の意思表示をしないとき(沈默)は承諾したものとみられるという場合には、ある程度において、承諾の義務を課されたことになる(一〇二參照)。然し、この場合にも、當事者の普通の意思または取引上の慣行に從って争いを解決しようとしているだけだから、締約の自由に對する社會的立場からの制限と見るべきではない。

〔二一〕 二 承諾の自由の制限

(1)公法的制限 電氣・ガス・運送・倉庫などの獨占的事業(公益事業令五三條、ガス事業法一六條、鐵道營業法六條、道路運送法一九條・六五條、海上運送法一二條、倉庫業法五條)、公證人・執行吏などの公共的職務(公證人法三條、執達吏規則一〇條)、醫師・齒科醫師・藥劑師・保健婦・助産婦・看護婦などの公益的職務(醫師法一九條一項、齒科醫師法一九條一項、藥事法二二條ノ二、保健婦助産婦看護婦法三九條)については、從來からも、正當な理由なしに職務の執行(すなわち申込に應ずること)を拒み得ないという公法的な義務が課せられていた。もつとも、これらの場合には、その承諾義務違反は、公法的制裁を伴うだけであつて、當事者間において契約の成立を認めることはできないと解すべきであろう。但し、私法上の關係としても、不法行爲に基づく損害賠償義務を生ずることはあるといわねばならない。ドイツ及びスイスの學者は、「善良の風俗に反する方法による不法行爲」(ド民八二六條、ス債四一條二項)の成立を認め(Nipperdey, Kontrahierungszwang und diktierter Vertrag, 1920, S. 53 ff. で主張し、近時の通説となっている(Enneccerus, § 101 V 2, § 145 III 2 a, § 150 III))、フランス學者も同様の傾向を示している(Fischer, Der Begriff der Vertragsfreiheit, (Zürcher) Beiträge zur Rechtswissenschaft, Heft 182) S. 65)。

〔二二〕 (2)私法的制限

(イ)第一に、一定の者が申込をしたときは、相手方に對し、これと協議して契約の成立に努めねばならない義務を課し、協議が成立しないときには、一定の行政機關の裁定ないし決定によつて契約的效果を生じさせる場合がある。戰後の農地改革は、最初にこの方式をとろうとしたが、小作農の多くは、地主の威壓をおそれて、小作地賣渡の申込さえしないので、不成功に終つた（自作農創設特別措置法はこれを改め、國家がまず買い上げて然る後に小作人に賣渡す方式とした）。今日では、耕作者の必要とする農業用林野の上の使用權の設定がその適例である（農地法二六條―三〇條參照）が、鑛物資源の充分な開發のために必要な場合には、特定の鑛床について、隣接鑛區の上に自己の鑛區を擴張することを請求する權利を有するものとした鑛業法の規定（四六條・四七條參照）も、類似した性質を有する（なお、採石法九條・一〇條・二一條も同樣の趣旨）。

（ロ）第二に、一定の者が申込をしたときには、相手方は、法律の定める一定の理由なしには承諾を拒絶し得ないものとされる場合がある。借地・借家・小作などの繼續的契約における賃借人の更新の申込がその適例である（借地法四條一項、借家法二條、農地法一九條參照）が、罹災都市借地借家臨時處理法が罹災借家人に與えた敷地を優先的に賃借する權利（同法二條（地主から））及び敷地賃借權を優先的に讓り受ける權利（同法三條（前借地人から））なども、同樣の法律構成をもつている。

（ハ）第三に、右の例に一歩を進め、一定の條件のある申込は、拒絶し得ないもの、すなわち承諾があつたと同一の效果を生ずるものとされる場合もある。借地法の建物買取請求權（同法四條二項・一〇條）・借家法の造作買取請求權（同法五條）における賃借人の買取申込はその例である（これらの場合には、相手方の承諾なしに賣買契約が成立すると解釋されているが、結局承諾の强制であることは、前記の豫約の場合と同樣である〔二〇〕イ參照）。

〔二三〕　三　申込の自由の制限

戰時中に、重要物資を一元的に集荷配給するために、一定の物資の所有者がこれを一定の機關に賣却すべきことを強制され（いわゆる供出義務）、或いは、勞働力を合理的に配置するために、一定の者は一定の企業者の許で勞働することを強制された（いわゆる勤勞奉仕義務）ときには、いずれも、ある意味で、申込が強制されたものといわねばならない。今日でも、物價統制令が業務上不當の利益を得ることを目的とする賣り惜しみを禁じていること（同令一四條・三五條參照）、主要食糧の生産者がいわゆる供出義務を課されていること（食管法三條・一一條二項參照）などはその例である。もつとも、これらの場合にも、その義務は、公法的のものであつて、義務違反があつても、當事者間に契約の成立を認めることはできないであろう。

〔二四〕 **四** 相手方選擇の自由の制限

申込又は承諾そのものが義務とされているときには、おのずから、契約を締結する相手方を選擇する自由も制限されることになる場合が多い。然し、そこまで強く制限されなくとも、――すなわち、契約を締結するとしないとは自由だが――契約を締結するなら、(a)とくに一定の者を排斥してはならないとか、或いは更に進んで、(b)一定の者を選ばなければならない、という制限を課される場合がある。前者は、勞働組合の組合員を雇傭することを嫌忌することが不當勞働行爲とされることにその例を見る（勞組法七條一號參照）。また、後者は、使用者と組合との間にいわゆるクローズド・ショップ協約のある場合の他、配給制度におけるいわゆる切符制・登錄制などにその例を見る（これらの場合にも、切符を提示した者又は登錄した者が申込をした場合に賣る義務までは課されていないのが常である）。

〔二五〕 **五** 裁定・命令などによる契約の成立

前記の行政官廳の裁定・決定によつて一定の當事者間に契約的效果を生ずる場合（イ〔二二〕）はその一例で

ある。もつとも、この場合には、最初に一方の當事者が發意し、協議によつて契約を成立させることができない場合に裁定・決定を求めるのであるから、その意味では、承諾の强制にあたる。然し、當事者の發意をまたずに、行政官廳の獨自の發意で契約關係を成立させる場合もあり得る。戰時中には、その例がかなり存在した（一定の銀行に對して一定の産業への融資を命令するなどがその例）。現在でも、鑛物資源の合理的開發のために、隣接する鑛區の增減について、政府が當事者に勸告をする制度は——勸告であつて命令ではないが、結局協議が整わなければ、當事者の申請に基づいて協議に代る決定をするのだから——右の趣旨を含むものである（鑛業法八九條―九九條參照）。ドイツ學者は、かような行政官廳の裁定ないし命令によつて成立する契約を命令された契約（diktierter Vertrag）と呼んでいる。なお調停制度におけるいわゆる强制調停も類似した性質を有する（民事調停法一七條、家事審判法二四條參照）。

第三　契約内容決定の自由とその制限の形式

〔二六〕　一　契約自由の原則は、當事者が契約しようとする際には、その内容を自由に定め得ることを原則とする。もちろん、いかなる時代にも、内容決定の自由が無制限に認められたことはない。强行規定や公序良俗に反する事項を目的とするものは效力を認められない。然し、これらの制限も、個人意思の自治に對する最少限度の制限と考えられた場合には、その制限はできるだけ狹く解釋されるのに反し、法律の全體系を支配する原理によつて契約も當然その規整を受くべきものと考えられる場合には、その制限は、社會共同生活の福祉を伸長しようとする立場から、比較的廣く解釋されるようになる（總則〔三〇四〕參照）。また、右と同樣の理由から、强行規定が次第にその範圍を增し、任意規定が强行規定に改められる場合も生じてくる（總則〔二九一〕參照）。

〔二七〕 **二　一方の當事者の定める定型的な約款に對する國家的監督**

資本主義の發達とともに、大企業の多くは、多數の者を相手に劃一的な取引をする必要に迫られる。その結果、その契約約款は定型化され（多くは印刷された不動の内容をもつ）、當事者の一方によつて作成されるようになる。そして、相手方は、これと契約を締結する（その約款に從う）かどうかの自由を有するだけで、約款の一つ一つについて折衝する餘地がないようになる。電氣・ガスなどの供給契約、運送契約、保險契約、倉庫寄託契約などにおけるいわゆる普通契約約款がその適例だが、工場の就業規則にも同樣の性質がみられる。元來、近代法が契約をもつて當事者間の法律關係を合理的に規定し得るものとしたのは、約款の一つ一つについて兩當事者の意思の折衝・合致を前提とした上のことであつた（〔一三〕イ參照）。從つて、右のような契約における一方的・定型的な內容について、當事者の意思によつてその合理性を保障し得ないときは、國家の積極的な監督によつてこれを保障することが考えられるようになる。電氣又はガスの供給規程（公益事業令三九條、ガス事業法一七條―二〇條參照）・運送業者の運賃・使用料その他の契約條件（道路運送法八條―一三條、六一條、海上運送法八條―一〇條參照――鐵道運送においては、契約の內容は鐵道運送法及び鐵道運輸規程（命令）によつて定められている（同法二條參照））保險業者の普通保險約款（保險業法一條一〇號參照）などにその例をみる。また、常時十人以上の勞働者を使用する使用者に對して、就業規則の作成を命じ、その作成の手續について一定の要件を課してその合理性を保障しようとしているのも同樣の例である（勞基法八九條―九三條參照）。

契約當事者が一方的・定型的に決定する約款について相手方が包括的に承認するより他にしようのない契約を附合契約（contrat d'adhésion）という（Saleilles の提唱した觀念）。そのうち、とくに營業取引上のものを普通契約約款といい、使用者が職場における勞働者の就業條件を定めるものを就業規則という。これらのものの性質に關して學說は分れている。或いは、一つの制度（institution）となし（フランス學者に多い）、或いは、一種の法規（私人のなす特殊の立法とみる）となし（ドイツ學者に多い）、或いは、一種の組合規約（企業者と大衆との間に一種の組合關係が生ずるとみる（イタリア學者に多い））となし、或いは、事實たる慣習として效力を有すると說く（わが國の學者にその例がある）。然し、いずれにしても、その性質が問題とされるのは、一方では、かような約款は、多くの場合、相手方はその一つ一つについてこれに從う意思がない（運送契約や保險契約を締結する際には、印刷された細かな約款などは讀まない場合が多い）にもかかわらず效力を生ずることを說明し、他方では、その內容が一方の當事者にとつてあまりに不利益である場合に、裁判官による改訂を可能にする根據を求めようとするためだといつても過言ではない。そうだとすれば、第一に、たとい契約の內容が客觀的に一定していても、一方の當事者が包括的にそれに從う意思を表示すれば、その效力を認めてもさしつかえあるまい。然し、第二に、それと同時に、當事者が具體的に承認しなかつた內容については――その點においては、當事者の意思による合理性の保障はないのだから、國家の特別の監督のある場合は別として、そうでないときには、――裁判官が――各個の當事者の意思を問題とせずに、社會經濟上の立場に立つて――これを合理的に改訂し得ることは當然だ、という理論を正面から認むべきである。然る上で、これをなお一種特別の契約とみるか（普通契約約款にはこの性質が強い）、一種の規則とみるか（就業規則にはこの性質が強い）は、各場合について決定すれば足りると考える（米谷隆三「約款法の理論」（昭和二九年）はこの問題に關する近時の權威書）。

〔二八〕　三　一方當事者にとつてあまりに不利益な約款の禁止

經濟的地位に著しい差のある者の間の契約について、弱者に不利益な一定の約款――例えば、借地・借家契約で請求次第何時でも立退くという約款――の效力を否認するものは、借地（借地法一一條參照）・借家（借家法六條參照）・小作（農地法二〇條六項參照）・勞働契約（勞基法一三條參照）・利息契約（利息制限法の各條項はかような作用をする）などの關係にその例がすこぶる多い。けだし、かような制限を加えた上で、當事者の創意と折衝によつて契約を締結させることは、各場合に應じた個別的合理性を保障するに適するからである。

〔二九〕 **四 裁判官による契約內容の改訂**

契約の內容を、當事者にとつてだけでなく、社會全體の立場からみて、合理的なものにするために、――その契約內容が裁判上の爭いとなつたときに――裁判官によつてある程度の改訂を加うべきだという理論も、相當に強く認められるようになつている。

（イ）第一に、契約の解釋は、取引上の慣行を顧慮し、信義誠實の原則に從つてなさるべきだという理論は、すでに右の思想を含むものである（總則〔二九二〕・〔二九四〕參照）。

（ロ）第二に、契約の一部が不法・不當である場合にも、全部の效力を否定することなく、その部分だけを無效として、そこを合理的なもので補充して、全體としての效力をできるだけ維持するように努むべきだという、一部無效に關する新しい理論は、正に、右の思想の現れである（總則〔二九三〕參照）。

（ハ）第三に、いわゆる事情變更の原則をこの立場から取り上げなければならない。（a）事情變更の原則とは、すべての契約は、暗默のうちに、「その契約が締結された時の事情がそのまま存續する限りにおいてのみ效力を有する」という約款（clausula rebus sic stantibus）を含んでいる、從つて、その事情が變更したときは、契約は、もはや拘束力をもたない、という意味である。ローマ法以來、ある程度認められたものではあるが、同時に、他方では、「契約は守られなければならない」(pacta sunt servanda)という原則が認められてきた。そして、近世法は、契約自由の原則を尊重する立場から、事情變更の原則には反情を示してきた(國際間の條約には比較的多く適用された)。然し、その後、契約をもつて、私人間の關係を合理的に處理する――重要な、然しあくまでも、一つの――手段に過ぎないと考えるようになるにつれて、事情變更の原則の適用される範圍が廣くなつてきた(第一次戰後のドイツの事情につき債總〔四九〕、その後の事情につき後の〔二六五〕參照)。

(b)わが國においても、借地・借家契約について、判例がこの趣旨を認め(地價が急激に騰貴し、公租公課が激増したときは、貸主が一方的に相當の値上げを請求し得るという理論。もつとも、これは、九二條を援用するものであつた(物權〔四二五〕參照))、その後、立法によつて確認されるに至つた(借地法一二條、借家法七條參照)。そして、それから、身元保證人の責任(身元保證法三條・四條參照)、農地の小作料(農地法二四條參照)、採石權者の採石料(採石法七條參照)などについても、その理論が明らかにされた。

(c)事情變更の原則は、新しい契約理論から當然に認められるべきものであるから、特別の立法のない場合にも、いたずらに反情を示すべきではない。然し、その適用には、愼重なることを要する。けだし、締約當時の事情が少しでも變更すれば契約はその拘束力を失うものとしては、將來を豫想して利益をはかる取引のうま味はなくなり、各人の創意を原動力とする取引上の活氣が失われることになる。のみならず、各人は、自分の意思で肯認したことは、たといその不利益に歸する場合でも、責任をもつて遂行するという、契約的正義が否定されることになる。そこで、結局、この原則を適用する要件としては、(i)當事者の豫見せず、また豫見し得ない著しい事情の變更を生じたこと、(ii)その變更が當事者の責に歸すべからざる事由によつて生じたものであること、(iii)契約の文言通りの拘束力を認めては信義の原則に反した結果となることなどが擧げられる。そして、以上の要件の充たされるのは、繼續的な契約關係に多くその例を生ずるであろう。前記の特別法は、いずれも、繼續的な契約關係に關する。判例の認めたものにも、その例が多い（手形割引契約の債權者と保證人の間の保證契約がその適例であるが、詳細は債總〔六五三〕以下參照）。然し、必ずしも、それに限定する必要はない。土地の賣買契約において、履行期前に價格統制令が施行された場合などにも適用され得るであろう。契約の解除に關連して後に再說する（〔二六八〕〔二七〇〕一）。

（d）事情變更の原則の適用の效果は、（i）第一に、不利益を受ける當事者がその契約の解除權を取得することである（〔二七二〕〔二七一〕・參照）。（ii）第二に、變更した事情に應じて給付の內容を修正することである（借地法・借家法・農地法・採石法の前記の規定、身元保證法五條參照。なお債總〔六五六〕・〔六五八〕參照）。

（二）第四に、裁判官による契約內容の改訂は、事情變更の原則から一步を進め、――締約當時の事情の變更を要件とすることなく――その契約の締結當時からすでに不合理であることを理由として行われる場合もあり得る。もつとも、かようなことを認めることは、前段に述べた契約的正義を裏切るおそれが多分に存在する（一方の當事者が相手のいうがままの契約をして、直ちにその改訂を主張する場合を考えよ）。從つて、その適用は更に一層愼重でなければならない。然し、當事者間の經濟的地位が甚しく懸絕している場合には、立法によつても認められている。すでに利息制限法による高利の引下げがその例であるが（同法一條・四條參照）、罹災都市借地借家臨時處理法が、著しく不當な借地借家條件について、裁判所がその變更を命じ得るものとしていること（同法一七條參照）、農地法が市町村農地委員會の定める最高小作料を超える小作料の引下げを認めていること（同法二二條參照）なども同樣の例である。さらにまた、勞働組合法が勞働協約に定める基準に違反する個々の勞働契約の內容を規準に從つて當然に改訂されたものとしている（同法一六條參照）ことも、同樣の思想に基づくものということができる。同樣の理論は、解釋としても認めて然るべきものといわねばならない。前記の契約の一部無效の新しい理論の中には、實にこの思想が含まれているのである（總則〔二九三〕の他、とくに藝娼妓契約の效力に關する〔三〇六〕2ロ參照）。

〔三〇〕 五　繼續的契約關係の終了に關する規整

借地・借家・雇傭などのような、生活の基礎を構成する繼續的な契約關係においては、その終了は、社會の生活秩序に影響を及ぼす。從つて、當事者の意思に基づいて一度成立した以上、一方の當事者の恣意によつてこれを終了させることに對しては、嚴格な規整を加える必要がある。前に述べた、これらの契約に存續期間の定めのある場合の更新拒絶に對する制限は、正にこのことを意味する（〔二二〕ロ）。然し、存續期間の定めのない場合にも、――民法によれば、一定の豫告期間をおいて任意に解約することができ（六一七條・六二七條參照）、しかもそれは任意規定だと解釋されているのだが、――借家法（同法一條ノ二）・農地法（同法二〇條）によつて嚴格な制限を加えられている。また、借地關係では、當事者が存續期間を定めなくとも當然一定の期間（普通は三〇年、堅固な建物のためには六〇年（借地法二條））存續するものとされるから、地主は解約權を全く奪われたことになる。さらに、勞働基準法（同法一九條―二一條）が解雇の制限を規定しているのも同樣の趣旨である。

〔三一〕 六　團體的折衝の保障

最後に、經濟的弱者のために團結權を確保して、當事者間に經濟的な力の平衡を得させた上で、團體的折衝によつて、定型的・劃一的な契約內容の合理化をはかろうとすることがある。勞働關係がその適例であること、あえて指摘するまでもあるまい。かような理論は、終局においては、當事者間の折衝による合理性の確保という、契約理論によるのではあるが、個人間の折衝をすてて團體間の折衝に移行した點において、これまた近代法における個人的な契約内容決定の自由に對する制限とみなければならない。

第四　方式の自由とその制限の形式

〔三二〕 一　近代以前の契約にあつては、――當時の訴訟において證據方法を制限されたことや、封建的な監督に服したことなど、その理由は種々あつたが、――當事者の合意だけで完全な效力を生ずる場合はむしろ少なく、多くの場合に一定の方式を必要とした。然るに、近代法の契約自由の原則の支配の下においては、合意だけで完全な效力を生じ、訴訟においても、證據方法を制限すべきではないと考えられるようになつた。もつとも、この理論は、實際上多くの例外を殘したのみならず（フランス民法でも、契約の目的物が一定額以上の價値ある場合には證書の作成を要求する（同法一三四一條））、つぎに述べるように、その後、却つて特殊の方式を要求される場合が多くなりつつある。然し、その方式を要求される理由は、契約の自由を制限するというよりも、むしろ、資本主義の發達に伴う複雑な取引關係を明確・迅速に處理させるためであつたり、或いは、社會的經濟的地位に差異のある當事者間の關係を合理的に處理させるためであることが多い。今日において要求される方式の主要なものを列擧する。――なお、つぎに列擧するものは、債權的效果を生ずる契約に限らず、物權的效果を生ずる合意及び單獨行爲や合同行爲をも包含する。方式を必要とするものを綜合的に理解するに便利だからである。

〔三三〕 二　書面の作成を必要とするもの

(1)取引關係の明確・迅速を目的として書面の作成を要求されるものは、商法上の制度にその例が多い。手形・株券・社債券・運送狀・倉庫證券などの廣い意味における有價證券が書面に記載すべき事項まで一定されていること(手形法一條、商二二五條・三〇六條二項・五七一條二項・五九九條・六二七條など參照)が最も顯著な例であるが、株式や社債の申込が一定の書面によることを必要とされること(商一七五條・三〇一條一項參照)もそれに類似する。

(2)主として法律關係の明確を目的とするものとしては、法人の設立を目的とする定款・寄附行爲が一定の事項を記載した書面の作成によつて效力を生ずること(三七條・三九條參照)、遺言が一定の方式を備えた書面の作成によつて效力を生ずること(九六七條參照)などがその例である。書面によらない贈與契約が取り消し得ること(五五〇條參照)もこれに類するが、そこでは、當事者に愼重に熟慮させる趣旨をも含んでいる。ドイツ民法では、一年を越える長期の不動産賃貸借(同法五六六條・五八〇條・五八一條二項參照)、無因の債務負擔契約(同法七八〇條參照)その他相當多くの契約は書面の作成を必要とし、さらに、現に有する財産の全部又は一部を移轉する債務を生ずる契約(同法三一一條參照)、贈與契約(同法五一八條參照)などは、裁判所又は公證人の關與した書面の作成を必要としている。わが民法より要式行爲の範圍は遙に廣い。

(3)さらに、當事者の社會的經濟的地位に差のある場合に、その間の契約內容を合理的にするために書面の作成を必要とするものとしては、小作契約(農地法二五條參照)、建設工事の請負契約(建設業法一九條參照)、勞働協約(勞組法一四條參照)など、比較的近時の例が考えられる。但し、勞働協約を除く他の二者においては、書面の作成は契約の效力發生要件ではないと解されている。

〔三四〕 三　國家の管理する公簿の記載を必要とするもの

これは、主として、法律關係を一般社會に公示することを目的とする。不動産物權の變動を目的とする行爲が登記によつて完全な效力を生ずるのが最も顯著な例である（一七七條、物權〔六二〕參照）が、法人の定款の登記（總則〔一四五〕—〔一五〇〕參照）もその例である。また、身分上の行爲の多くのものが戸籍簿の記載を要することも、同樣の例とみることができる（婚姻（七三九條）・緣組（七九九條）・認知（七八一條）・姻族關係終了の意思表示（七二八條二項、戸九六條）など）。

〔三五〕 **四** 一定の官廳への通知を必要とするもの

相續の限定承認及び放棄が家庭裁判所への申述を要すること（九二四條・九三八條參照）などがその例であるが、就業規則を行政官廳に屆出でなければならないこと（勞基法八九條）などもこれに類似する。これらの場合には、その行爲の合理性を間接に監視し、かつこれを公示する目的を有する。

〔三六〕 **五** 現實的な行爲を要するもの

消費貸借（五八七條參照）・使用貸借（五九三條參照）・寄託（六五七條參照）などが、一方の當事者が契約の目的物を受け取ることによつて效力を生ずるものとされるのも、——方式という言葉は必ずしも適切ではないが、——單なる合意だけでは效力を生じないという意味で、方式自由の原則に對する例外といわねばならない。これらのいわゆる要物契約が、現在の法律に認められているのは、主として、沿革上の理由（諾成契約化しないで殘存している）に基づくものと考えられるが、その現在における存在理由の有無は、後に、それぞれの契約について述べる。なお、質權設定契約が目的物の引渡を效力發生の要件とされること（三四四條參照）も、類似の例であるが、そこでは、質權の性質に適した存在理由をもつていること、擔保物權法に說いた通りである（擔保〔一三八〕以下〔三一〇〕以下參照）。

〔三七〕 第五 要約

以上の考察を通じて、われわれは、つぎのような結論に到達するであろう。

個人の創意を否定してしまうことは、いかなる時代にも、いかなる社會でも、決して許されることではない。ことに、今日の複雜な社會的經濟的關係においては、私人間のすべての關係を當事者の意思を離れた客觀的な規則によつて定めることは、不可能である。そして、その限りにおいて、契約の自由も否定し得ない存在意義を有する。

けれども、私人間の法律關係は契約のみによつて定むべきだとする契約至上の思想は、もはや通用しない。身分關係や團體關係のように、契約理論によつては說明し得ない生活關係が益々重要性を加えていることはしばらくおく。契約理論の支配する生活關係においても、すべての個人に人間らしい生存を保障しようとする新しい法律理想を達するために、個人的な契約は、もはや、唯一の手段でもなく、最適の手段でもない。すべての私法關係を合理的に規律するために、契約自由の原則に對して一定の規整を加うべきことは、當然の事理である。

然らば、契約自由の原則に加うべき制限・規整の標準をどこに求むべきであろうか。一概にいうことはできない。當該生活關係の種類と、當該社會の事情とに應じ、强弱いろいろの制限の方式を、必要にして充分な限度で、利用することに努める他はない。以上に述べたことは、戰後やや安定した法律狀態における、比較的恆常的制度である。戰時中及び終戰直後には、遙に强度の制限が加えられていた。その制限の程度や方式が適當であつたかどうかは、なお檢討・批判の餘地ある問題である（我妻「經濟再建と統制立法」（昭和二三年）は、これを試みようとしたものだが、なお甚しく不充分である）。今日認められている制限の方式についても同樣である。われわれは、立法論としても、解釋論としても、なお一層根本的な研究をしなければならない。今日問題とすべきことは、契約自由の原則に規整を加うべきだという抽象的な理論ではない。わが國において、いかなる法律關係について、いかなる程度と方式の制限を加えることが適當であるかという、具體的規準を明らかにすることである。

第三款　契約と信義誠實の原則

〔三八〕　**第一**　契約法における信義則の重要性

すでに債權總論に詳述したように、信義誠實の原則は、今日においては、もはや債權法に特有なものではなく、すべての私法關係を支配する理念である。然し、當事者間に緊密な關係を結ぶ債權者・債務者の間、とりわけ、進んで特別の關係を結んだ契約當事者の間には、とくに右の原則が強く作用することもまた當然の事理である(債總〔二〇〕參照)。前段に述べた契約自由の原則の制限も、ある意味では、悉く、信義則の具體的な現われとみることもできる。要するに、事實上契約關係を成立させた當事者は、その契約が法律的に效力を生じない場合でも、その契約關係の存續中だけでなく、その終了後の事情についても、さらには、その契約締結の際及び準備時代の事項についても、信義の原則に從つて一定の義務を負うものというべきである。左に三つの場合を分けて主要な例を擧げる(鳩山「債權法に於ける信義誠實の原則」(民法研究三巻所收)、牧野「信義則に關する若干の考察」(民法の基本問題第四編・「契約の本質に關する若干の考察」(同上第五編)、林信雄「法律における信義誠實の原則」など參照)。

第二　契約の存續中と信義の原則

〔三九〕一　第一に、信義の原則をもつて契約解釋の標準とすることは、契約による法律關係の内容を合理化しようとするものであつて、契約關係に信義則の作用する第一段階である。そして、一部無效に關する新しい理論または事情變更の原則などは、實にその具體的な現われというべきである（〔二一九〕參照）。

〔四〇〕二　つぎに、すべての義務の履行は信義則に従うべきものであるが（一條二項參照）、契約によつて負擔した債務の履行についてこのことが特に强調されることも疑いない。例えば、債務不履行の要件としての「責に歸すべき事由」は債務者の免責要件と解されること、履行補助者の故意過失についても責任を負うべきものとされること（債總〔一三七〕・〔一四六〕參照）なども、契約當事者間においてとくに顯著に現われる（不法行爲に基づく損害賠償責任と比較せよ）。

〔四一〕三　さらに、すべての權利の行使もまた信義則に従うべきものであり、その濫用は許されないのであるが（一條二項・三項參照）、この原理もまた、契約によつて取得した債權について特に强調される。例えば、債務の履行をもつて債權者・債務者間のいわば協同の行爲と考え、債權者の受領義務を次第に强く認めようとする傾向は、契約當事者においてとくに顯著に現われる（債總〔三二二〕・〔三四一〕參照）。

〔四二〕四　最後に、契約の當事者は、單に個々獨立の債權債務を負擔するだけではなく、そこに——財貨や勞働力の移動・配分を擔當する、社會的に意義のある——一個の協同體を構成するものとして、その關係自體を信義則によつて規整すべきものとされることを指摘しなければならない（債總〔八〕に述べるところは、契約關係に最もよくあてはまる）。そして、この理論は、借地・借家・小作などの繼續的な物資の利用關係や、委任・保證（債總〔六五四〕參照）のような相互の信頼を基礎とする關係にとくに强く現われる。また勞働契約のような人格と切り離せない關係を成立させるものについて、勞働基準法が種々の規定を設けて勞働者の人間としての生活が不當な影響を受けないように配慮していることも（同法第四章―第七章參照）、かつて雇傭契約の内容について信義則によつて補正しようとしたことを擴充したものとも見ることができるであろう（ドイツ民法の雇傭の章にはこの觀點に立つた規定（六一五條―六一九條）のあることを注意せよ）。然し、繼續的な契約關係の當事者間に限るのではない。例えば、契約當事者の一方の負擔する債務が不可抗力で消滅した場合などには、――その債權を中核として存在する兩者の信義則上の義務を根據として――必要に應じて、これを相手方に通知する義務を負うものと解すべきである。ドイツの學者は、乘船契約をした船會社は、その船が不可抗力で沈沒した場合には、乘客に遲滯なくその旨を通知して、他の船に乘る機會を失わしめないようにする義務があるものと論じているが、わが民法の下でも同樣の結果を認めて然るべきであろう（同旨鳩山前揭七四頁參照）。

第三　契約の終了と信義の原則

〔四三〕　**一**　第一に、繼續的な契約關係を不當に終了させまいとする理論を擧げなければならない。賃貸借・雇傭のような繼續的な契約關係について存續期間の定めのない場合には、當事者は一定の豫告期間をおいて自由に解約することができるのを本則とした（六一七條・六二七條參照）。また存續期間の定めのある場合に、その滿了後、事實上從前の關係を繼續するときは、同一條件で契約を更新したものとされるけれども、それは當事者の普通の意思を推測したもの（更新の推定）に過ぎなかつた（六一九條・六二九條參照）。然るに、その後、――すでに他の觀點から述べたように、――特別法によつて、借家（借家法一條ノ二參照）・小作（農地法二〇條參照）・勞働（勞基法一九條―二一條參照）の諸契約について、解約の自由は著しく制限された（借地法は借地權の存續期間を一定したから、解約ということ自體がなくなつた（同法一條・二條參照））。また、借地・借家・小作の諸契約においては、更新の制度は、當事者の普通の意思を推測する制度から、當事者間の關係を合理的に規律する客觀的な制度（法定更新）に變つた（借地法四條―九條、借家法二條、農地法一九條參照）。

おわりに、繼續的な契約關係は、ただ一回の債務不履行によつて解除し得るものかどうかも信義則の上から考えられねばならない。地上權・永小作權については、民法もすでにその制限を認めている（二七六條・二六六條參照）。農地法はこの點についても制限を加えたものである（同法二〇條一項が「解除」を加えていることを注意せよ）。宅地・建物の賃貸借についても、一回の賃料不拂があれば第五四一條によつて解除することができるという理論は、反省されなければならないであろう。

〔四四〕 二　第二に、契約關係が終了した後においても、當事者は、直ちに無緣の人となるのではなく、契約關係の存續中に生じたことについての善後措置を講ずる義務を負うこともまた、信義則の要求するところである。

（イ）民法が、委任契約について、その終了の際に急迫の事情があるときは、受任者は委任者側で當該事務を處理することができるまで、必要な措置をとることを要するものとしているのは、正に右の思想の現われである（六五四條參照）。委任は、とくに當事者間の信頼に基づく關係だから右のような特則が認められるのだ、と一般に說かれるけれども、雇傭や賃貸借についても、同樣の思想を認めねばならない場合があろう。判例が、雇傭關係の終了後、被傭者が引き繼ぎをする前に保管物を橫領した事件について、これを業務上の橫領罪（刑二五三條）としたのは、正にこの思想を前提とするものである（大刑判大正一一・八・三刑四〇七頁、判民五四事件平野評釋、鳩山前揭八二頁參照）。また酌婦の周旋業者が自分の世話した酌婦が病氣で重態な場合にこれを放置した事案について、保護責任者遺棄罪（刑二一八條）の成立を認めたこと（大刑判大正一五・九・二八刑三八七頁）は、右の思想と關連して注目すべき事例である（牧野「民法の基本問題」第五編五一三頁以下の示唆に富む論述參照）。

（ロ）契約關係が終了しても、その存續中に生じた事實關係は殘存する場合が多い。そのときには、その事實關係を適當に處理することも、契約當事者の責務であり、協同の事業でなければならない。民法が、地上權・永小作權・賃貸借關係などの消滅後における原狀回復の權利義務を認め（二六九條・二七九條・六一六條・五九八條參照）、また、賃貸借について有益費用の償還請求權を認めている（六〇八條）のは、右の思想の現われといえる。ただ、民法のこれらの規定は、所有者の立場を顧慮する方に傾き過ぎて、社會經濟上の全體的立場を考慮しない憾がある。當事者の創意に必要な規整を加えながら、物資の移動を合理的に媒介させることが、これらの契約に與えられた社會的作用である以上、その終了後の關係についても、當事者の一方に偏せず、社會全體の立場から、合理的に處理されるように努めなければならない。例えば、賃貸借契約關係の存續中に賃借人によつて建設附加された建物や造作があるときは、これを賃貸人に買取らせてその存續をはかり、賃借人の努力によつて土地が開發され、建物が利用價値を增したときは、その費用を賃貸人にも負擔させるなどの考慮が拂われねばならない。借地法・借家法の認める建物又は造作の買取請求權（借地法四條二項・一〇條、借家法五條參照）は、正にかような思想を示すものである。解釋においても、地上權者や永小作人の費用償還請求權（物權〔四一九〕・〔四六二〕參照）・小作人の離作料（土地收用法八八條は補償すべきものとしてこれを明言する）・借家に伴う權利金などの問題の解決に當つて考慮されなければならないであろう。

（ハ）おわりに、契約によつて緊密な關係に立つた者は、その終了後においても、相手方がその契約關係にあつたことのために不當な不利益を蒙らないようにしてやる義務があるといわねばならない。雇われて技術を習得した者は、雇傭關係の終了後においても、その習得した技術をもつて、直ちに雇主の營業上の地位を脅かすような競業をすることは避けねばならない（競業避止義務）と、以前に考えられたことは、右の思想の現われである。もつとも、今日の勞働契約においては、事情は極めて複雑であつて、一律にかような義務を認めることはできない。のみならず、競業禁止の特約（競業避止約款）のある場合にも、その效力は、社會經濟上の立場から判斷されなければならない（總則〔三〇六〕5參照）。然し、そうした思想そのものは、なお存續するというべきである（商二五條の認める營業讓渡人の競業避止義務も共通の思想を含む）。そして、勞働基準法の認める退職者に使用證明書を交付すべき使用者の義務（同法二二條參照――ド民六三〇條は同旨の規定）も、立場は反對だが、思想としては同一のものである。

第四　契約の締結と信義の原則

〔四五〕**一**　契約當事者を結合する信義則は、さらに、事實上契約を締結したが、何等かの理由で所期の效果を生じなかつた場合や、契約は效力を生じたが、契約締結以前の準備的段階における事由によつて他方が損失を蒙つた場合などにも及ぼされなければならない。なぜなら、いやしくも事實上契約によつて結合された當事者間の關係は、何等特別の關係のない者の間の責任（不法行爲上の責任）以上の責任を生ずるとなすことが、正に信義則の要求するところだからである。そして、かくしてはじめて、信義則は、一貫して、事實上契約によつて結合される當事者間を規律することになる。

〔四六〕**二**　原始的に不能な契約の締結（契約締結上の過失）

(1)契約の内容がその契約の締結當時から客觀的に不能であるときは、その契約は無效とされる。從つて、當事者は、その契約で意圖した債務を負擔しないことは當然である(〔一二〇〕—〔一二二〕參照)。然し、社會に生存する無數の人の中から、特に選んで契約關係に入ろうとする以上、社會の一般人に對する責任(すなわち不法行爲上の責任)よりも一層强度の責任を課されることも當然の事理といわねばなるまい。いいかえれば、各人は、契約を締結するに當つても、とくに注意して、無效な契約を締結することによつて相手方に不慮の損害を蒙らしめないようにする信義則上の義務があるというべきである。そうだとすると、過失によつて無效な契約を締結した者は、相手方がその契約を有效なものと誤信したことによつて蒙る損害を賠償する責任がある、という理論が引出されることになるであろう。いわゆる契約締結上の過失(culpa in contrahendo)に基く責任の問題である。イェーリングの提唱にかかり、ドイツ普通法時代に一部の立法によつて認められたが、ドイツ民法は、明文をもつてこれを肯認した(同法三〇七條參照)。スイス民法には、同樣の規定がないが、學說は一般にこれを認め、判例もまたこれに從う傾向を示している(もつとも、同法の極めて柔軟性のある不法行爲の規定を根據とするものが多い(Oser, Art. 20, Nr. 12))。

わが民法の解釋としては、賣買の一部不能に關する規定(五六五條・五六六條・五七〇條など)を類推して責任を認めようとする少數の說(例えば末弘)があつたが、多數說は、詐欺として不法行爲が成立しない以上責任を認めることはできないとした(鳩山七二頁及び同所引用の諸說參照)。然し、契約法を支配する信義の原則を根據として、これを認めることが正當であると考える。近時の學說には、問題を肯定するものが多いが、不法行爲上の責任とするのが常である(田島等四一頁、鳩山前揭「債權法に於ける信義誠實の原則」は、舊說を改めたが、不法行爲責任とする(九八頁以下))。不法行爲の要件としての違法性に關する近時の理論によれば、不法行爲の成立を認めることも可能ではあろう。然し、前記のように、信義則を理由とする契約法上の責任（一種の債務不履行）として、その擧證責任、履行補助者の責任などについても、一般の不法行爲より重い責任を課するのが一層適切であろうと思う。

(2)契約締結上の過失による責任を認める要件は、――（a）締結された契約の内容の全部又は一部が客觀的に不能（原始不能）であるために（例えば、特定の家屋の賣買契約が締結された前日に、その家屋が燒失していたとき）その契約が全部又は一部無效であること（債總〔二五〕參照）。もつとも一部の不能の場合には、賣買の規定によつて責任を生ずることがあるから（五六五條・五七〇條・五五九條參照）、そのときには、この理論を適用する餘地はない。（b）給付をなすべき者（前例の賣主）が、その不能なことを知り又は知り得べきものであること（故意のときは一般に詐欺となるであろうが、過失では詐欺と、なるまい。そして詐欺となるときは、賠償の範圍は廣くなる）。（c）相手方が善意無過失であること。

(3)損害賠償の範圍は、相手方がその契約を有效と信じたことによる損害――消極的契約利益（das negative Vertragsinteresse）又は信賴利益（Vertrauensinteresse）と呼ばれるもの――に限るのを至當とする。すなわち、目的物を檢分に行つた費用、代金支拂のために融資を受けた利息、第三者からの有利な申込を拒絶したことによる損害などを含むが、履行利益（Erfüllungsinteresse）・積極的契約利益（das positive Vertragsinteresse）――目的物の利用や轉賣による利益など――を含まない。もつとも、信賴利益が例外的に多額である場合にも、履行利益を限度とすべきことはいうまでもない。けだし、せめて信賴利益だけは賠償する責任がある、という理論だからである（ド民の規定はそう定める。スイス民法の解釋としても大體そうである（Oser, a. a. O.））。

(4)なお、ドイツ民法は、禁止規定に違反する無效な契約を締結した者についても、原始的不能によつて無效な契約を締結した者と同視し（同法三〇九條による三〇七條の準用）、さらに、錯誤を理由として意思表示を取り消した者

（同法一二二條）や無權代理人（同法一七九條）についても、信賴利益を賠償する責任を認めている（これは結果責任である）。わが民法では、（a）無權代理人については、履行に代る損害賠償の責任を認めているから、その責任は一層重い（一一七條、總則〔三八四〕3參照）。これに反し、（b）錯誤を理由として無效を主張する者に、相手方に對して信賴利益だけの賠償をする責任を課することは――錯誤者に輕過失のある場合でも（重過失ある場合には、無效を主張し得ない（九五條但書）から、問題とはならない）――解釋としては、いささか無理であろう（總則〔三二一〕參照、同旨鳩山前揭九六頁）。（c）禁止規定に違反する場合については、いささか問題であるが、その禁止規定が專ら政策的なものでこれに反する契約そのものをして公序良俗に違反する性格（反社會性）を帶びさせないものであり、かつ一方の當事者だけに故意または過失があり他方の當事者が善意無過失であるときには、同樣の結果を認めるべきではあるまいか（反對鳩山前揭九三頁）。

〔四七〕 三 契約締結のための準備的段階における過失

專門的な知識を必要とする事項についての取引に際して、その準備的段階において專門的知識を與えるべき立場にある者に過失があつたとき、例えば、素人が銀行に對して相談や問い合わせをした上で一定の契約を締結した場合に、その相談や問い合わせに對する銀行の指示に誤りがあつて、顧客が損害を蒙つたときとか、電氣器具販賣業者が顧客に使用方法の指示を誤つて、後でその品物を買つた買主が損害を蒙つたときなどには、――それらの指示が債務の內容とならないために債務不履行の責任を課し得ない場合にも――なお、契約における信義則を理由として、賠償責任を認めることが正當であろう。けだし、それらの者が結局契約を締結するに至らなかつたときは、一般の不法行爲上の責任に止めるべきであるが、いやしくもそれを動機として、契約關係に入つた以上、契約上の信義則は、その時期まで遡つて支配するに至るとみるべきだからである。そして、この理論も、事實上契約を締結したことをもつて足りるとすべきであつて、その契約が何等かの理由で無效であつたり取り消されたりした場合にも、なお右の責任を生ずるというべきである（大體において同旨鳩山前掲一〇五頁以下）。以上の問題は、ドイツ學者が早くから論じたものであるが（鳩山前掲參照）、ナチス時代には、とくにこれを強調し、保護義務（Schutzpflicht）として、「人、社團及び債權法」の假草案に規定しようとした。ナチス法律理論の根底には、是認し得ないものを含んでいるには相違ないが、右の點などでは、參考に値するものが多いと思う（我妻「ナチスの契約理論」（杉山教授祝賀論文集所收）一三頁以下參照）。

第四款　契約の法律的意義と契約法の法源

第一　契約の法律的意義

〔四八〕 一　「契約」という言葉は、廣狹二つの意味に用いられる。

(1)廣義では、私法上の效果の發生を目的とする合意の總稱である。從つて、債權の發生を目的とする合意だけでなく、物權の變動だけを目的とする合意（所有權の移轉や抵當權の設定を目的とする合意など（總則〔二八〇〕2參照））、債權の讓渡だけを目的とする合意（債總〔七二七〕參照）、その他身分關係の設定・變更を目的とする合意（婚姻、緣組、協議による離婚・離緣など）などをも含む。ドイツ民法は、Vertrag をこの廣義に用い、その通則を總則編の中に規定する（同法一四五條以下）。わが民法には、契約を廣義に用いていると解すべき條文もある（一一三條—一一七條の契約など）が、總則編にこれに關する通則はないのだから、債權編の契約の規定を準用しなければならない。フランス民法の contrat は狹義。廣義には convention という(Planiol, II, no. 34)。スイス民法では、ドイツ民法と同じく、Vertrag を債權的效果を生ずるものの意味に用いる(Obligationenrecht 中に規定されている)が、廣義の契約にも、その規定が準用される(ZGB. Art. 7)。

〔四九〕 (2)狹義の契約は、債權の發生を目的とする合意を意味する。民法債權編第二章の「契約」はこの意味に用いられている。但し、實際に行われる一つの契約が、債權の發生だけを目的とすることもあり、また物權の變動をも目的とすることもあり得る、ということと、契約を概念的に廣狹二つのものに分け得るということとは、別問題である。のみならず、實際社會で賣買契約と呼ばれるものが、——單に賣主の目的物についての權利を移轉する債務と、買主の代金債務とを發生させるだけでも、もとよりさしつかえない、いや、さらに進んで、それが賣買の本來の姿だとまでいつてもよいであろうが、しかもなお、——目的物についての權利の移轉という效果まで生ずることがあつても、少しも不合理なことはない。そのことは、物權の變動を目的とする意思表示について詳論した通りである(物權〔七九〕—〔八三〕參照)。

〔五〇〕 二 契約の要件たる合意とは、相對立する(當事者にとつて異なる社會的・經濟的意義を有する)二つ以上の意思表示が、客觀的にも主觀的にも合致することである(總則〔二七五〕參照)。客觀的に合致するとは、二つ以上の意思表示の內容が客觀的に全然同一であることであり、主觀的に合致するとは、その客觀的に合致する意思表示が相手方の意思表示と結合して契約を成立させようとする意義を有することであるが、後に詳說する(〔七二〕)。

第二 契約法の法源とその性質

〔五一〕 一 契約法の法源

(1)契約法の最も重要な法源は、いうまでもなく民法第三編「債權」の第二章「契約」(五二一條―六九六條)の規定である。然し、この他に、商法及び特別法の中に、直接間接に契約法の法源となるものがすこぶる多いことは、すでに述べたところから、おのずから明らかであろう。その詳細はそれぞれの契約に譲り、左に、民法の規定との關係について大綱をしるす。

〔五二〕(2)民法の規定のうちで、直接に最も大きく變更されたものは、雇傭の規定(六二三條―六三一條)である。勞働基準法は、勞働契約について、極めて詳細な規定を設けているが、その適用範圍は、ほとんどすべての事業または事務所における雇傭に及び、僅に「同居の親族のみを使用する事業もしくは事務所又は家事使用人」を除外するだけである(同法八條參照)。從つて、勞働基準法を離れて民法の雇傭の規定を説くことは、ほとんど無意味に近い。のみならず、勞働契約關係は、勞働組合法・勞働關係調整法その他數多の勞働立法によつて直接間接の規律を受け、その基本理論そのものが民法の雇傭の規定のそれと立場を異にするようになつている(〔一六〕參照)。

〔五三〕(3)つぎに、賃貸借の規定(六〇一條―六二二條)も、建物保護法以下の借地・借家に關する立法、及び農地法によつて、重要な修正を受けた。その結果、宅地・建物・農地に關する限り、民法の中の主要な規定――主として利用權能の效力に關するもの――が修正されていることを常に念頭に止めておかなければならない(〔一五〕參照)。

〔五四〕(4)さらに、民法の消費貸借(五八七條―五九二條)、及び消費寄託(六六六條によつて、消費貸借の規定を(五九一條一項を除いて)全部準用する)の規定も特別法によつて補充されている。もつとも、ここでは、民法の規定を直接に修正するのではなく、或いは、利息の約定を制限し、或いは、營業としてなす金錢の貸付や預り金を取締り、或いは、公的な融資機關を設定して合理的な金錢の貸付を行い、或いは、貸付資金の極度の集中を抑制するなどの方法によつて、民法の豫定する自由放任主義を外部から規整しようとするものである(〔一一八〕參照)。從つて、かような規整を受ける消費貸借も、一度成立したときは、民法の規定の適用を受ける。然し、——民法の規定は、消費貸借に關する極めて基本的な事項に限ることとも關連して、——社會に行われる主要な消費貸借ないし消費寄託の實情を知るには、前記の特別法の存在を記憶しておかねばならない。

〔五五〕 (5)民法の賣買の規定(五五五條―五八五條)とこれに關連する特別法との關係も、消費貸借の關係に類似する。すなわち、食糧管理法・國際的供給不足物資需給調整法(略稱)・物價統制令をはじめ、多くの法令によつて、賣買契約の自由が制限されている(〔一一七〕參照)。そして、それらは、いずれも、民法の規定を直接に修正するものではない。然し、われわれの日常生活や企業經營に不可缺な物資の賣買は、契約をすること自體について、多くの統制に服していることを理解しておかなければならない。

〔五六〕 (6)民法の組合の規定(六六七條―六八八條)については、特別の注意を要する。わが國にも、明治時代から、産業組合をはじめとして、多くの組合が、特別法によつて認められてきた。ことに、戰後においては、消費生活協同組合法・農業協同組合法・水産業協同組合法・中小企業等協同組合法の四本建によつて、いわゆる民主的な組合體系が整備されるに至つた(總則〔一四四〕1參照)。然し、これらの特別法による組合は、いずれも、法人格を有するものであつて、法人格の認められない民法の組合とは、法律的性質を異にする。從つて、組合に關する特別法は、形式的には、民法の組合の規定に對して、間接的にも、影響を及ぼさない。然し、團體が法人格を有するかどうかは、團體の外部關係であつて、その內部組織とは、必ずしも直接の關係がない（總則〔一三九〕參照）。従つて、戰後に整備された各種の組合に關する特別法もまた、民法の組合に對して、實質的に影響を與えるものといわねばなるまい。

〔五七〕(7)和解は、今日の社會において極めて重要な意義を有する。民事調停法（借地借家・小作・金錢債務の各調停法などを統合整備したもの）と家事審判法の認める調停制度がすこぶる有益な効果を收めていることがこれを物語つている。けだし、これらの調停制度は、要するに、特別の國家機關の介在によつて和解を圓滑に成立させようとするものに他ならないからである。然るに、民法の和解の規定は、僅に二箇條（六九五條・六九六條）に過ぎない。もつとも、この二箇條は、和解の基本理論を定めるものだから、調停に關する特別法によつて修正されるものではない。然し、その社會的作用においては、和解制度が調停制度に發展していることを記憶しておかねばならない。

〔五八〕二　契約法の性質

(1)契約法は任意法規であることを原則とするといわれる（債總〔一八〕參照）。契約自由の原則は、今日においても、なお全くこれを否認することができないのだから、右のことは、現在でも妥當する。然し、すでに詳細に述べたように、契約自由の原則は多くの方面から制限を受けているのだから、契約法は、その限度において、任意法規たる性質を失つている。特別法によつて民法の規定が直接に修正されている事例として前段に指摘した多くのものは、民法の任意規定を改めて强行規定としたものであることも、容易に理解し得るであろう（〔五一〕—〔五七〕・〔二六〕など參照）。

〔五九〕 (2)契約法は、普遍的性質を有するといわれる。債權法そのものがすでに普遍的性質を有する（債總〔一九〕參照）のであるが、そのことは、契約法に最もよく適應するものだからである。然し、この點も、契約法が漸次國家の規整に服するようになるに從つて、各國特有の様相を示すものが多くなることを注意しなければならない。けだし、契約法に對する國家の規整は――國際的な影響を考慮しなければならないことはもちろんのこととしても、なお――その國特有の事情に即して行われなければならないものだからである（債總〔一九〕參照）。

第五款　契約の種類

契約は、種々の觀點から分類することができるので、つぎのような種類を示す。

第一　典型契約（有名契約）・非典型契約（無名契約―混合契約）

〔六〇〕 **一**　民法の定める十三種類の契約（賣買・交換・贈與・消費貸借・使用貸借・賃貸借・雇傭・請負・委任・寄託・組合・終身定期金・和解）を典型契約又は有名契約（名稱が與えられているという意味）といい、その他の契約を非典型契約または無名契約（名稱が與えられていないという意味）という。なお、後者のうち、一つの典型契約の構成分子と、他の典型契約の構成分子またはどの典型契約にも屬さない分子を含むものをとくに混合契約と呼ぶ（〔一三〇〕以下）。

〔六一〕 **二**　具體的な契約の内容は、原則として、その契約を締結した當事者の合意によつて定まる。然し、この合意は、多くの場合、不明瞭・不完全であるから、それを明瞭・完全にする規準（任意規定）を定める必要がある（總則〔二九〇〕參照）。ところが、社會に行われる契約は、千差萬別のようでも、そこにおのずから共通點もあり、幾種類かの型に分けられるようになる。だから、それぞれの型について、しかもそれに最も普通な內容に從つて規定を設けておくことが、右の規準設定の趣旨に適することになる。民法に定める典型契約は、かようにして定められたものである。

然し、社會が進步し、取引關係が複雜となるに從つて、從來の經驗に基づいて定められた典型契約の規定が必ずしもすべての場合にあてはまるとは限らないことになる。すでに、商法に別な種類の典型契約（交互計算・匿名組合・運送・寄託・保險など）に關する規定が收められていることからも、その間の事情がわかる。だから、具體的な契約を解釋するに當つては、第一に、その契約が典型契約の一つに當るもの、例えば賣買と認定することが正しい場合にも、當該取引界において特殊な慣行が行われていないかどうかに注意する必要がある（同じく賣買でも、生產者と小賣商の間の賣買と、原材料として使用する者との間の賣買とでは、その慣行を異にする。また、それぞれの物資によつても著しく異なる）。のみならず、第二に、そもそもその契約が典型契約の一つに當るかどうかを認定するに當つても、極めて愼重でなければならない。だから、第三に、非典型契約（どの典型契約にも入らないものだ）と認定されたときには、無理に近似した典型契約を探して、その規定を類推する安易な態度も、できるだけ避けなければならない。そうだとすると、第四に、いわゆる混合契約においても、典型契約の規定の一部ずつを機械的に適用するような態度は嚴に戒めなければならない。然し、そうはいつても、解釋の客觀的な規準がなければ、解釋が恣意に陷いり易い。從つて、第五に、それぞれ特色のある取引社會について、そこに行われている慣行を調査して、新しい典型契約とその內容を明らかにしてゆくことが必要となる。契約法の分野で殘された研究問題の一つだといつてよいであろう。

第二　雙務契約・片務契約

〔六二〕一　契約の各當事者が互に對價的な意義を有する債務を負擔する契約が雙務契約で、そうでない契約が片務契約である。典型契約のうち、賣買・交換・賃貸借・雇傭・請負・有償委任・有償寄託・組合・和解は雙務契約で、贈與・消費貸借・使用貸借・無償委任・無償寄託は片務契約であり、終身定期金はそれと結びつく關係によつていずれともなる。

(イ)對價的な意義があるかどうかは、客觀的に定められるのではなく、當事者の主觀で定められる。代金がいかに廉くとも、當事者が賣買のつもりなら、その代金は、對價的な意義があり、負擔がいかに重くとも、當事者が贈與のつもりなら、その負擔は對價的意義がない。

(ロ)契約の各當事者が債務を負擔する場合でも、その債務が互に對價的な意義をもたないときは、片務契約である。すなわち、(a)契約の當然の效果として雙方の當事者が債務を負擔するが、その債務が互に對價的な意義をもたない場合、例えば、使用貸借(貸主の使用させる債務と借主の返還債務とは對價的意義がない)は、不完全雙務契約と呼ばれることもあるが、民法のいう雙務契約ではない。また、(b)契約の成立後に一方の當事者が特別の事情で債務を負擔する場合、例えば、無償委任(委任者は費用償還債務を負擔することがあるが)は、雙務契約ではない。

〔六三〕二　雙務契約と片務契約とは、適用される規定に差異がある。民法は、同時履行の抗辯權(五三三條)及び危險負擔(五三四條—五三六條)をもつて、雙務契約に特有のものとする。破産法にも特別の規定がある(同法五九條)。

第三　有償契約・無償契約

〔六四〕一　契約の各當事者が互に對價的な意義を有する出捐(經濟的損失)をする契約が有償契約で、そうでない契約が無償契約である。

(イ)對價的な意義を有するということの意味は、雙務契約について述べたと同様である(〔六二〕參照)。

(ロ)雙務契約は、すべて有償契約である。對價的な意義を有する債務を負擔することが、すでに對價的な出捐だからである。

(ハ)當事者のなす出捐が契約成立の際に完了されて、成立した契約の債務として殘らないときは、——それに對して他方當事者が對價を支拂う債務を負擔するなら——片務契約だが、なお有償契約である。利息附消費貸借がその例である。貸主は、目的物を相手方に交付してこれを消費させるという出捐をするけれども、その交付は、契約成立の要件とされるから(五八七條、〔六六〕參照)、消費貸借の効果としては、何等の債務を負擔せず(使用貸主や賃貸人が目的物を使用させる債務を負擔するのと異る)、ただ借主が元本と利息を支拂う債務を負擔するだけである。然し、貸主の右の出捐と借主の利息の支拂債務は對價的な意義を有している。なお、利息附消費貸借以外の典型的片務契約はすべて無償契約である。

(ニ)有償契約の特殊なものとして、利得分配契約——例えば、資本を提供して收益を一定率で分配する契約——と呼ばれるものと、射倖契約——例えば、賭博・保險・希望賣買などのように當事者の一方又は雙方のなす出捐(逆にいえば取得する經濟的利益)が偶然な事情によつて決する契約——と呼ばれるものがある。いずれも有償契約(場合によつては雙務契約ともなる)の一種とみて妨げない。けだし、當事者は、その不確定な出捐ないし利得そのものを對價的意義があると考えているからである(但し、射倖契約が反社會性の理由で無效となる場合のあることは別問題(總則〔三〇六〕7參照))。

〔六五〕二　有償契約には、賣買の規定が準用される（五五九條參照）。のみならず、遺留分の減殺（一〇三九條參照）、破産法の否認權の行使（同法七二條五號參照）などについても、特別の取扱を受ける。

第四　諾成契約・要物契約（踐成契約・實踐契約）

〔六六〕一　合意だけで成立する契約が諾成契約で、合意の他に、一方の當事者が物の引渡その他の給付をなすことを成立要件とする契約が要物契約（踐成契約・實踐契約）である。典型契約のうち、消費貸借・使用貸借・寄託は要物契約で、その他は諾成契約である。

〔六七〕二　要物契約は、合意だけでは契約は成立しないのだから、その契約の成立時期を定めるについて注意を要する。なお、要物契約はある意味で契約自由の原則の例外である。前に述べたように、主として沿革に基づくものであつて、今日これを殘存させておく合理的な理由があるかどうか疑問の點も少なくない（〔二六〕參照）。詳細は後にそれぞれの契約について述べる。

第五　本契約・豫約

〔六八〕一　當事者の一方又は雙方のうちのいずれかが、將來希望したときに、一定の內容の契約を締結する拘束を設定する契約を豫約といい、それに基づいて締結される契約を本契約という。かように、豫約は、當事者の一方又は雙方に對し、相手方が本契約の申込をしたときには承諾をして本契約を成立させる債務を負擔させる趣旨のものである（雙方が債務を負擔するものを雙方豫約・雙務豫約、一方だけが債務を負擔するものを一方豫約・片務豫約という）。然し、民法は、すでに當事者間に豫約があるときは、相手方の承諾を强要する（相手方が任意に承諾しないときは四一四條二項但書の適用によって承諾の强制履行をすることになる）必要がないものとして、本契約を成立させる權利のある當事者が本契約を成立させようとする意思を表示したときは、本契約は、相手方の承諾を要せずに、成立するものと定めた（但し、有償契約に限る（五五六條・五五九條參照））。便宜に基づいた規定であつて、すこぶる當を得たものである。但し、本契約が要物契約や要式契約である場合には、意思表示だけで本契約が成立するものでないことはいうまでもない。なお、民法にかような規定があつても、當事者がとくに承諾を必要とする旨を定めることを禁止する趣旨と解すべきではあるまい。

〔六九〕　二　豫約に定められたことは、本契約の内容を決定する。但し、豫約は、本契約の主要な部分を定め、かつ細目を確定する標準を定めておけば充分である。また、本契約が不能・不法などの理由で無效であるときは、豫約も無效である。本契約が方式を要するもの（要式契約）である場合に、豫約もまた方式を要するかどうかは、本契約が要式契約とされる趣旨による。當事者に愼重な熟慮を促そうとする趣旨を含む場合には、豫約も本契約と同樣の方式を必要とすると解さねばならない（例えば贈與契約の豫約が書面によらないときは取り消し得る（五五〇條參照））。然し、それ以外の場合には、豫約は方式を必要としない。けだし、本契約が要式行爲とされる理由が取引關係の明確を期することにある場合などには、豫約について同樣の方式を要求する理由がないからである（〔二三〕參照）。

なお、豫約は、親族法上の契約（婚姻・緣組・離婚・離緣など）についても行われる。然し、そこでは、身分上の行爲はそれをする時に自由な意思で決定することを必要とするという原則が適用されるので、本契約の履行を强制し得ないものとされる場合が多い。但し、さような豫約も——不當に本契約を成立させない者に——損害賠償債務を負擔させる效力をもつことはある（いわゆる婚姻豫約不履行の例を考えよ）。

第六　有因契約・無因契約

〔七〇〕　**一**　契約によつて成立する債務が、それを成立させる原因となつた事實と結びついて、その事實がなければ債務も成立しないという關係に立つ契約が有因契約であり、特に法律によつて右の關係が切り離され、その事實がなくとも債務だけは成立するものとされる契約が無因契約である。民法の認める典型契約は、いずれも有因契約である。例えば、賣買によつて賣主の負擔する目的物を移轉する債務と買主の負擔する代金支拂債務とは、相互に原因關係となつている。從つて、賣主の債務が原始的不能で無效なときは、買主の債務も成立せず、結局、賣買契約そのものが無效となる。

〔七一〕　**二**　有因・無因は債權の發生を目的とする契約について問題となるだけではない。いな、物權の變動を目的とする合意その他の處分行爲について、とくに問題となるものであること、すでに述べた通りである（總則〔二八一〕、物權〔八六〕、債總〔七二七〕參照）。

債權の發生を目的とする無因契約の例は、ドイツ民法（同法七八〇條—七八二條）の認める債務約束（Schuldversprechen）及び債務承認（Schuldanerkenntnis）、スイス債務法（同法一七條、なお一八條・一六四條・一七〇條・五一四條參照）の認める、同性質の債務承認（Schuldbekenntnis）などである。これらの制度は、契約の一方當事者が他方に對して、一定の債務を負擔する旨——新たに獨立の債務を負擔する形式（ド民の債務約束）でも、從來の債務關係を清算した結果として一定の債務のあることを承認する形式（ド民の債務承認、—ス債の債務承認は兩者を含む（Oser, Art. 17, Nr. 8））でもよい——を約束することによつて、その債務者は無因の債務（債務を負擔するに至つた原因たる事實に基づく抗辯はできない）を負擔するものである。かような契約によつて成立した債務は、原因と絶離して效力を有するから、——その契約自體に瑕疵がない限り——その存在が確實である。從つて、獨立の財産としての價値をもつことになる。

わが民法は、かような契約を認めていないけれども、契約自由の原則からいつて、有效に成立することは疑いないものであろう（同旨嶋山民法全書二卷四一頁以下）。なお商法の規定する交互計算書の承認は類似の性質を有する（商五三二條、石井商法概論三六五頁參照）。

第二節　契約の成立

第一款　序説

第一　契約成立の要件

〔七二〕 一　契約が成立するためには、相對立する數箇の意思表示が合致すること（合意）をその缺くべからざる要件とする。そして、合意の成立するためには、客觀的合致と主觀的合致とを必要とする。
（イ）客觀的合致とは、數箇の意思表示がその客觀的な內容において一致することである。例えば、特定の時計を五萬圓で賣るという意思表示と、その時計を五萬圓で買うという意思表示とは、——兩當事者にとつての經濟的・社會的な意味は異なるが——客觀的に見れば、特定の時計の所有權と五萬圓とを交換しようという全く同一の內容を有する。
（ロ）主觀的合致とは、右の意思表示が相手方の意思表示と結合して契約を成立させようとする意義を有することである。例えば、甲が丙に對して、時計を五萬圓で買いたいといい、乙が甲に對して時計を五萬で賣りたいといつても、甲乙間に契約は成立しない。主觀的合致がないからである。もつとも、甲の申込が丙という特定の人に重きをおかず、商品に重きをおいているときは、同一商品を取り扱う乙が承諾することによつて主觀的合致を生ずることもあり得る（大判昭和八・四・一二民一四六一頁は、被申込者たる丙炭鑛會社の一手販賣人たる乙が甲に注文品を送付した事例である。判旨は石炭の送付を新たな申込と解したが、承諾と解することもできるであろう）。

なお、主觀的合致は、相手方の特定の意思表示と結合しようとする場合（承諾はこれに當る〔八六〕參照）だけでなく、ただ相手方と契約を締結することを欲するだけの場合にも存在する（交叉申込によつて契約が成立するのはこのため〔九八〕參照）。

〔七三〕 **二** 不合意と錯誤　甲が乙に對して一定の時計を「五萬圓で賣る」といい、乙が甲に對してその時計を「四萬圓なら買う」といつても、二つの意思表示は客觀的に合致していない。従つて、合意は成立しない。これに反し、乙が甲に對して、ただ、「よろしい買う」といつた場合には、たとい乙が甲の申込を四萬圓と誤信した場合でも、――乙の意思表示は五萬圓で買うという意味に解釋されるから――合意は成立する。ただ、乙について錯誤の問題を生ずるだけである（總則〔三一七〕ロ參照）。さらに、例えば、甲乙間で甲のある營業上の權利を一定の代價で乙に讓渡する契約をした場合に、甲はその附屬施設を包含しないものと考え、乙はこれを包含するものと考えたとしよう。もし、附屬施設に關する甲乙の效果意思が表示されていれば、合意は成立しない。然し、それが表示されていないときは、合意は成立する。そして、當該契約の內容を取引界の實情に即して客觀的に解釋し、もし、附屬施設を包含すると解されるときは、甲に錯誤があり、これに反し、それを包含しないと解されるときは、乙に錯誤があることになる（大判昭和一九・六・二八民三八七頁がかような事例を不合意による契約の不成立としたのは不當だと思う）。要するに、申込と承諾の兩意思表示を客觀的に解釋して、その內容にくい違いがあれば、それが法律行爲の要素に關するものでなくとも、——當事者がその點を確定的な內容としたのではなく、單に希望條項としたような場合は別だが、そうでない限り、——合意は成立しない。いいかえれば、合意が成立するかどうかは、表意者の內心の效果意思とは無關係に、あくまでも、表示行爲の客觀的な意味によって判斷される。そして、成立した合意の內容と表意者の內心の效果意思のくい違いは、錯誤の問題となるだけである（總則〔二七二〕2參照）。

第二　契約成立の態樣

〔七四〕 **一**　契約は、申込と承諾によって成立するのが普通である。必ずしも二人の間でされるとは限らない。數人が一箇の契約を締結する例も少なくない（債務引受（債總〔八〇五〕・〔八一七〕・〔八三七〕）、組合契約など）。承諾は、必ず特定の申込者に對してされなければならないが、申込は不特定多數の人に對してすることもできる（〔七六〕5・〔八六〕參照）。

〔七五〕 **二**　契約は申込・承諾以外の方法でも成立するか。いわゆる交叉申込が問題とされるが、民法の規定する「承諾ノ意思表示ト認ムベキ事實」（意思の實現）による契約の成立（五二六條二項）及び廣告による法律關係の發生（五二九條—五三二條）についても、問題がある（後に詳述する（〔九七〕—〔一〇一〕））。

第二款　申込と承諾による契約の成立

〔七六〕 **第一**　申込の性質

申込は契約を成立させることを目的とする確定的な意思表示である。

(1)申込は、一つの意思表示であって、普通に承諾という他の意思表示と合して契約という法律行爲を成立させる法律事實である(總則〔二七〕一)參照)。

(2)承諾があれば契約が成立する確定した意思表示である。――この點で申込の誘引と區別される。申込の誘引は、相手方に申込をさせようとする意思の通知であるから、相手方がそれに應じて意思表示をしても(それが申込となる)、それだけでは契約は成立せず、申込の誘引をした者が改めて承諾をしてはじめて契約が成立する。從つて、申込の誘引をした者は、相手方の意思表示に對して、なお諾否を決する自由を有する。もつとも、兩者の實際上の區別は、必ずしも明瞭でないことがある。例えば、貸家札、汽車・汽船の時刻表の揭示、傭人廣告、商品目錄の配布、圓タク駐車場の駐車、正札つきの商品の陳列などは、問題となる。兩者を區別する標準は、その行爲が契約の内容を指示しているかどうか(指示していなければ誘引に過ぎない)、契約の當事者が誰であつてもかまわない性質のものかどうか(當事者に重きをおく場合には誘引に過ぎない)、その地方の慣習はどうか、などにもとめねばならない(前例のうち、最後の二つは申込で、他は誘引であることが多いであろう)。

(3)申込は契約の内容を決定することができるだけの事項を含むことを必要とする。もつとも、申込そのものの中にそれらの事項が含まれることを必要とするのではない。豫約、申込の誘引、當該地方の慣習その他諸般の事情から明らかにされれば充分である。のみならず、一定の事項を相手方に決定させようとするものでも、もとよりさしつかえない。

(4)申込は、特定の人の意思表示であるが、その特定の人は、申込そのものから確知し得なくともよい(自動販賣器を備えつけることが申込だといわれることを考えよ)。

(5)申込は、相手方のある意思表示であるが、その相手方は、特定の人でなくともよい。一定の狀態にある多數の人に對するもの（相手方をブランクにした白紙委任狀の交付はその例（總則〔三四七〕4參照））、不特定多數の人に對するもの（廣告による土地賣却の申込がその例（〔一〇七〕イ參照）――懸賞廣告を契約と解するときは、それもこの例となる（〔一〇三〕參照））なども あり得る。

(6)承諾との間に内容上の差がない（〔七二〕參照）。ただ、承諾には、特定の申込に對してなされることが要件として加わる。

第二　申込の效力

〔七七〕 一　申込の效力發生と當事者の死亡又は能力の喪失との關係　申込も一つの意思表示として、到達によつて效力を生ずることを原則とする（九七條一項參照）。然し、民法は、申込について第九七條第二項の例外を定めた（五二五條）ので、その解釋が問題とされる。

(1)申込を發信した後その到達までの間に、申込者が死亡しまたは能力を失つた場合には、――普通の意思表示はその效力に影響がないのだが（九七條二項、總則〔三三三〕3參照）、――申込者が反對の意思を表示しまたは相手方が死亡もしくは能力喪失の事實を知つたときは、申込は效力を生ぜず（死亡のとき）、または無能力者の意思表示として取り消し得るものとなる（五二五條）。

(2)申込が到達した後、相手方（被申込者）が承諾の意思表示を發信する前（承諾の發信によつて契約は成立するから（五二六條一項）、その後には、申込は獨立存在を失う）に、申込者が死亡しまたは能力を喪失した場合については、第五二五條は適用されないと解すべきである。なぜなら、第九七條第二項は、同條第一項に對する注意的な規定として、到達までのことを定めたものであり（總則〔三三三〕參照）、第五二五條は、それを排斥しただけだからである（以前には反對說が多かつたが、末弘七四頁以來近時の通說である。鳩山二六頁註七所揭參照。同旨鳩山同上、末川五七頁、田島等一〇二頁）。それなら、右の場合に申込の效力はどうなるか。申込者がその點について特別の意思を表示しているときは、それに從う。そうでない場合には、一般の理論に從つて解決しなければならない。すなわち、申込は到達によつて效力を生ずる。從つて、申込者がその後に能力を喪失しても、その效力に影響がない。死亡した場合には、申込の內容が申込者の相續人において申込者たる地位を承繼する性質のものかどうかで決定しなければならない。例えば、委任や組合などのように、當事者の死亡によつて契約そのものの終了するもの（六五三條・六七九條參照）の申込はもとよりのこと、申込者の個人的な使用人を雇う申込なども、申込者の死亡によつて效力を失う（すなわち、相手方は承諾しても契約は成立しない）。——第五二五條をかように解することは、その適用範圍を極めて狹いものにする（申込の發信後到達前に申込者が能力を失うということはきわめて稀であるから）。そして、ドイツ民法第一五三條の規定——「申込者が承諾がなされる前に死亡しまたは能力を喪失しても、契約の成立を妨げない。但し、申込者の反對の意思を推認すべき場合はこの限りでない」——と近似した結果となる。實際上その方が妥當だと思う。

⑶右に關連して、申込の相手方（被申込者）の死亡または能力の喪失も多少問題となる。（イ）申込發信の後到達前に、被申込者が能力を喪失したときは、受領能力の問題となり（九八條參照）、死亡したときは、申込の內容が被申込者の相續人においてその地位を承繼する性質のものかどうかで決すべきである。（ロ）また、申込の到達後においては、被申込者の能力の喪失は、何等の問題を生ぜず、被申込者の死亡は、申込の內容がその相續人において承繼する性質のものかどうかで決せられる。

二　申込の拘束力（撤回を許さない效力）

〔七八〕 ⑴申込は、それだけでは、相手方を拘束する效力をもたない。しかし、申込を受けた相手方は、諾否を決するために準備をするのが普通だから、申込者が勝手に撤回することを認めては、相手方に不當の損害を及ぼすおそれがある。民法が申込の撤回に一定の制限を加えたのはそのためである（五二一條以下に「取消」というのは、撤回の意味である。無能力や詐欺・强迫などを理由とする取消はもちろん別である）。但し、申込者がはじめから撤回の自由を保留したときは、相手方もその覺悟をしているのだから、民法の定める拘束力は生じない。

〔七九〕(2)承諾の期間を定めてした申込は、撤回することができない（五二一條一項）。そして、承諾期間を經過すると、申込は效力（承諾適格）を失うから（五二一條二項）、承諾期間を定めた申込には、撤回の問題を生じない。承諾期間は、申込者において、自由に定めることができる。必ずしも申込と同時に定める必要もない。承諾期間の定めのない申込をして、後に承諾期間を定めてもよい。但し、承諾期間の定めのない申込をすると、つぎに述べるように、相當の期間は撤回し得ない拘束力を生ずるから、それ以前に承諾期間が滿了するような短い期間を定めることはできない。

〔八〇〕(3)承諾の期間の定めのない申込

(イ)隔地者に對してした場合には、承諾の通知を受けるに相當な期間（被申込者の考慮と通信に要する期間）は、撤回することができない（五二四條）。對話者に對してした場合については、民法に規定がない。理論としては、隔地者に對する場合と同樣に解してよい。但し、對話者間においては、――後日改めて諾否の返事をするというような特別の事情のない限り――その對話者關係の終了によつて申込は承諾適格を失う――いいかえれば、その對話者關係の繼續する間にだけ承諾することができる――場合が多いことを注意すべきである（商法五〇七條參照。ド民一四七條一項は同旨）。判例も同趣旨と思われる（大判明治三九・一一・二民一四一三頁は、原則として直ちに承諾すべきだというが、特別の事情があれば別であることを認めている）。

（ロ）承諾の通知を受けるに相當な期間を經過したときは、申込者は、申込を撤回することができるようになる。申込が當然に效力（承諾適格）を失うのではない（但し、對話者間については右イ末尾參照）。しかも、その撤回は、承諾の發信前に被申込者に到達しなければ、效力を生じない。なぜなら、承諾の發信によつて契約は成立し（五二六條）、申込は獨立の存在を失うからである。但し、撤回が、普通なら承諾の發信前に到達すべき時に發信されたにもかかわらず、特別の事情によつて遲延して、承諾の發信後に到達した場合に、承諾者がその事情を知り得べきものであるときには、承諾者は、申込者に對して、遲滯なく、撤回の通知の延着した旨を通知しなければならない（五二七條一項）。もしこれを怠つたときは、契約は成立しない（撤回が效力を生ずる）ものとみなされる（五二七條二項）。

〔八一〕 (4)廣告などによる不特定人に對する申込の撤回については、懸賞廣告に關する民法の規定（五三〇條）を類推適用してよいであろう（〔一〇四〕・〔一〇八〕參照）。

三　申込の實質的效力（承諾適格）

〔八二〕 (1)申込は、これに對する承諾さえあれば契約が成立するということを、その本體的な效力とするわけだが、この效力を、右の拘束力に對して、申込の實質的效力または承諾適格という。承諾は、申込が效力を生じてから、その消滅するまでの間にしなければ契約を成立させることができない。從つて、承諾適格は申込の存續期間に歸着する（以下に述べることの他、〔七七〕に述べたことも、效力の發生と存續に關係することを注意せよ）。

〔八三〕 (2)承諾の期間の定めのある申込は、その期間内に限り承諾することができる。しかも、その承諾は、期間内に到達することを必要とする（五二一條二項）。但し、承諾が普通なら承諾期間内に到達すべき時に發信されたにもかかわらず、特別の事情によつて遅延して、承諾期間の經過後に到達した場合に、申込者がその事情を知り得べきものであるときには、申込者は、承諾者に對して、――承諾期間内に承諾のなかつた旨をすでに通知した場合を除き――遅滯なく、承諾が延着した旨を通知しなければならない（五二二條一項）。もしこれを怠つたときは、承諾は延着しなかつたものとみなされ（五二二條二項）、契約は成立する。

なお、右のような特殊の場合を除き、承諾期間の經過した後に到達した承諾は、契約を成立させる效力をもたないが、申込者は、これを新たな申込とみなし、これに對して、承諾することができる（五二三條）。

〔八四〕 (3)承諾の期間の定めのない申込については、民法に規定がない（商五〇八條は相當の期間經過後は申込は承諾適格を失うものとする。ド民一四七條二項も同旨）。然し、申込者が撤回しない限り、無制限に承諾適格を持續する（いくら後になつても承諾し得る）と解することは、もとより不當である。取引慣行と信義の原則に從つて、相當の期間を經過した後は、承諾することができないと解すべきである。但し、この相當の期間は、申込の撤回を許さない相當の期間（五二四條、〔八〇〕參照）とは、必ずしも一致しないであろう。なお、右の理論は、對話者間の申込についても同樣だといつてよかろう。但し、前に述べたように、對話者間においては、特別の事情のない限り、對話者關係の終了によつて申込は承諾適格を失う場合が多いことを注意すべきである（〔八〇〕イ參照）。

〔八五〕 (4)なお、いずれの場合にも、被申込者が申込を拒絶したときは、申込は承諾適格を失うことはいうまでもない。これに關連し、被申込者が、申込に條件をつけその他變更を加えて承諾したときは（例えば、五萬圓で賣るという申込に對して四萬圓なら買うという承諾）、申込を拒絶して新たな申込をしたものとみなされる（五二八條）。從つて、最初の申込者が、變更を加えた承諾に對してさらに承諾をしない（それなら四萬圓で賣ろうといわない）場合に、意を飜して最初の申込を受諾しても（仕方がないから五萬圓で買うといっても）、それだけでは（最初の申込者がこれに對して改めて承諾しない限り）、契約は成立しない。

第三　承諾の性質及び要件

承諾は、契約を成立させることを目的として、特定の申込に對してなされる意思表示である。

〔八六〕 (1)承諾は、特定の申込に對してなされるものである。すなわち、特定の申込者に對して（申込と違って、不特定多數の人に對する承諾はあり得ない（〔七六〕5參照））、申込の相手方（被申込者、すなわち、申込の相手方とされた者）によって、契約を成立させる意思で（主觀的合致）（〔七二〕ロ參照）なされねばならない。但し、承諾者が誰であるかを表示する必要はない。

〔八七〕 (2)承諾は、申込が承諾適格を有する間になされねばならない。この點に關し、――すでに述べたことだが――注意すべき場合が二つある。

(イ)承諾期間の定めのある申込は、原則として、その期間の經過とともに當然に承諾適格を失うのだが、例外として、その以後に到達した承諾によって、契約が成立することがあり得る（五二二條、〔八三〕參照）。

(ロ)承諾期間の定めのない申込について、申込が撤回された場合にも、原則として、その到達する前に承諾を發信すればよいのだが、例外として、撤回の到達前に發信しても契約が成立しないことがあり得る（五二七條、〔八〇〕ロ參照）。

〔八八〕 (3)承諾は、申込の内容と一致しなければならない。すなわち、客觀的合致を必要とする（〔七二〕イ參照）。客觀的に合致しない承諾、すなわち、申込に條件をつけその他變更を加えた承諾は、申込の拒絶とともに新たな申込をしたものとみなされること（五二八條）は前述した（〔八五〕參照）。

〔八九〕 (4)承諾の方法には制限がない。

（イ）默示の意思表示による承諾を認定すべき場合も少なくない。申込者に對して、承諾によつて成立する契約の履行行爲をすること（例えば、申込に應じて注文品を送付すること、申込と同時に送付した品物について代金を支拂うこと（大判昭和八・四・一二民一四六一頁））などは、一般に默示の承諾となる（なお〔一〇〇〕參照）。

（ロ）諾否の承諾をしないこと（沈默）が承諾と同一の效果を生ずるかどうかについては、後に述べる（〔一〇一〕）。

（ハ）但し、申込者が承諾の方法を限定したときは——單なる希望條件でない限り——それに從わない承諾は效力を生じない。

第四　承諾の效力發生時期

〔九〇〕(1)民法は、一方では、「隔地者間ノ契約ハ承諾ノ通知ヲ發シタル時ニ成立ス」と定めて（五二六條一項）、承諾について發信主義をとつたが、他方では、承諾期間を定めた申込については、その「期間内ニ承諾ノ通知ヲ受ケサルトキハ申込ハ其效力ヲ失フ」と定めて（五二一條二項）、發信主義に對して重大な制限を加えた。しかも、承諾期間を定めない申込については、何等の規定もしていない。そこで、承諾期間の定めのない場合をどう解釋すべきかが第一に問題となるわけだが、承諾期間の定めのある場合にも、右の二つの規定の關係をどう理解すべきかが問題となる。

〔九一〕(2)學說は、大いに分れているが、要するに、民法の到達主義の原則（九七條一項）を重くみるか、契約に關する發信主義の特則（五二六條一項）を重くみるかの差異である。到達主義の原則を重んずる程度の大きいものから列記すれば、つぎの如くである。

（イ）第一説。契約は承諾發信の時に成立するが、承諾の效力は（從って契約の效力もまた）承諾の到達の時に發生すると解するもの（神戸、民法全書八巻五二六頁）。

（ロ）第二説。承諾は、常に、到達を停止條件とするが、到達すれば、その效力は（從つて契約の效力もまた）承諾の發信の時に遡つて發生すると解するもの（石坂一八七六頁以下、田島等一一三頁）。

（ハ）第三説。承諾は、常に、發信によつて不確定的に效力を生じ、到達によつて效力を確定する（到達しなければ效力を生じない）と解するもの（鳩山五〇頁）。

（ニ）第四説。承諾は、原則として發信によつて確定的に效力を生ずるが、承諾期間の定めのある場合だけは、例外として、到達を必要とする（到達しなければ、承諾は效力を生ぜず、從つて、契約も成立しない）と解するもの。但し、右の例外の場合を説くのに、（a）承諾は發信によつて未必的に效力を生ずるとなすもの（横田六七頁）、（b）承諾は、不到達を解除條件として、發信によつて效力を生ずるとなすもの（梅、民法原理（債權各論）六〇頁）、（c）承諾の不到達は承諾そのものの效力には影響がないが、申込の效力が消滅するために（五二一條二項）、契約は結局不成立に終るとなすもの（末弘一〇七頁、末川六四頁）、などの差がある。

以上の諸説のうち、第四説に贊成する。この説は、民法が契約の成立についてとくに發信主義をとつた趣旨——契約の成立をできるだけ簡易かつ迅速にしようとしたこと——を最大限に貫くものであり、當事者にとつても不都合はないと考えられるからである（ス債法（一〇條一項）は、契約が成立すれば、その效力は承諾發信の時に生ずると定める。その趣旨は、契約は承諾の到達によつて成立することを前提すると解されている（Oser. Art. 10）。わが民法と主義を異にする）。第四説のうちでは、b説（解除條件説）が適當であろう。c説は、最も簡明だが、承諾が（發信によつて）效力を生じた後は、申込は獨立の存在を失うのだから、承諾の不到達の場合に、申込だけが効力を失うと解することは、――條文の文字には忠實だが、理論としては――いささか妥當を缺くであろう。

〔九二〕　(3)以上の諸說の實際上の差異はつぎの如くである。

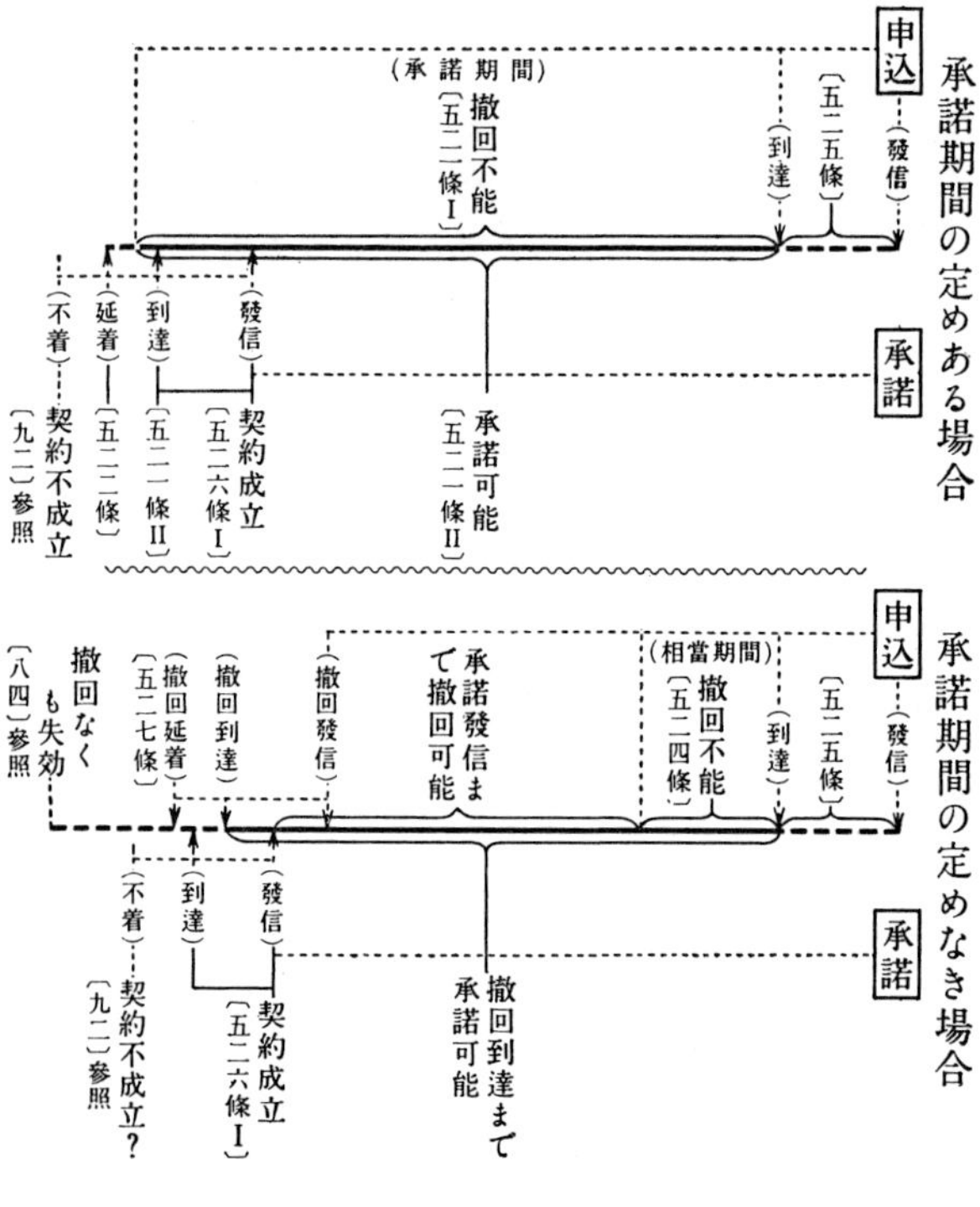

(イ)申込に承諾期間の定めのある場合とない場合とで差異があるか。第一―第三說では差異を認めない。すなわち、承諾期間の定めのない場合にも、承諾が到達しないときは、契約は成立しない。これに反し、第四說では、差異を認める。すなわち、承諾期間の定めのない場合には、承諾が發信されれば、たとい全然到達しなくとも、契約は成立する。この點は、到達主義の原則からいつて、一見不當なようだが、發信されて到達しない承

諾の効力を認めるかどうかは、要するに、不到達の不利益を申込者・承諾者のいずれに負擔させるかの問題に歸着する。申込者は、契約の成立を期待するものであり、承諾者は、承諾の發信とともに、契約の履行に着手するのが普通であることを考えれば、不到達の不利益を申込者に負擔させることは、決して不當ではないと考えられる。

(ロ)承諾不到達の不利益は、申込者・承諾者のいずれが負擔するか。第一―第三説では、常に承諾者。但し、擧證責任は、第一・第二兩説では、承諾者にありとする(承諾者の方で到達したことまで擧證しないと契約の成立を主張し得ない)が、第三説では、申込者にありとする(承諾者が發信を擧證すると、申込者の方で不到達を擧證しない限り、契約の不成立を主張し得ない)。從つて、第三説は、結果において第四説に近くなる(不到達の擧證は極めて困難である)。第四説では、承諾期間の定めのある場合には、承諾者が不利益を負擔するが、擧證責任は申込者にあるから、實際上は、その不利益は、それほど大きくはない。そして、承諾期間の定めのない場合には、常に申込者が不到達の不利益を負擔する(不到達の擧證をしても契約の不成立を主張し得ない)。

(ハ)承諾者は、承諾を發信した後その到達前に、これを撤回することができるか。第一説・第二説ではできるが、第三説・第四説ではできない。承諾の發信後には、申込の撤回は認められないのだから(五二七條)、承諾の撤回も認めない方が公平であろう。

〔九三〕 **第五　承諾義務**

申込を受けても、承諾をするかどうかは、自由であるのを原則とする。契約自由の原則の一内容だからである。もつとも、(イ)豫約のある場合や特別の慣行(拒絶しないと承諾したものとされる)があれば、別である。のみならず、社會經濟的立場から、制限される場合が次第に多くなり、(ロ)公法的な承諾強制の例も多く、(ハ)さらに、私法的强制（契約成立の効果を認めるもの）も種々の形式でその例を增している。これらのことについては、すでに詳述した（〔二〇〕―〔二二〕）。

第六　契約の競爭締結

〔九四〕一　競賣・入札などのように、一方の當事者に競爭をさせて、比較的に最も有利な條件で契約を締結する方法を競爭締結という。このうちに、競爭者が互に他の競爭者の條件を知ることのできるもの（競賣は多くこれに屬する）とそうでないもの（入札はこれに屬する）とがある。前者を狹義の競爭締結ともいう。賣買に多く利用されるが、請負その他の契約にもその例が少なくない。いずれも、契約締結の特殊の方法に過ぎないが、競爭締結の申出が契約の申込か誘引に過ぎないか（〔七六〕2參照）の點が問題とされる。

〔九五〕二　狹義の競爭締結　競賣が、多くの場合、これに屬すること前記の通りであるが、國家機關の行う競賣については特別の法律（競賣法、民事訴訟法六四二條以下）がある。ここに述べるのは、私人間の任意の競賣に限る。

競賣をしようとする旨の表示が申込か申込の誘引かを決定する標準は、結局は、表意者の意思によるわけだが、一般的な標準としては、「せり下げ競賣」と「せり上げ競賣」とを區別しなければならない。

(1)せり下げ競賣とは、申出者がみずから一定の價格を示し（品物を示して、「千圓で買わんか」という）、相手方の中にこれを受諾する者がないときには、次第に低い價格を示して（「九百圓ではどうか」、「八百圓にまける」、「七百圓ではどうか」……と）、受諾者を求めるものである。この場合には、競賣申出者は、價格を示すことによつて、その價格なら賣るという確定的な意思を表示しているのだから、その申出が申込であり、受諾が承諾となる（廉すぎるから賣るのはやめだとはいえぬ）。

(2)せり上げ競賣には、さらに二つの場合がある。（a）一つは、競賣申出者が全然價格を示さないで、高價な申出をまつ場合（品物を示して、「さあいくらで買う」と聞き、「千圓で買う」という申出があつても、「誰かもつと高く」、「もう一聲高く」と勸誘する）である。この場合には、相手方の値段の申出が申込であつて（競賣申出は誘引に過ぎない）、競賣申出者は、最高價格の申出に對しても、なお承諾すると否との自由を有する。（b）他の一つは、競賣申出者がまず最低價格を示して、それより高い値段の申出をまつ場合である（この例は、入札には多いが競賣には少ない）。この場合には、――最低價格を示すことによつて、その値段以上なら賣るという確定的な意思を表示したと見るべきだから――競賣の申出が申込であり、最高價格の申出が承諾となる（相手方の價格の申出は、一層高價の申出のないことを條件として、承諾の效力を生ずると見るべきである）。

〔九六〕 **三** 入札　入札を行う旨の表示は、多くの場合に、契約の誘引に過ぎない。從つて、入札が申込であり、落札を決定することによつて承諾することになる。だから、入札申出者は、最も有利な入札――すなわち最高價格（國有財產の拂下げの入札の場合など）、または最低價格（物品の供給や工事請負の入札の場合など）――に對しても、なお諾否の自由を有する。のみならず、入札者の資力その他を考えて、必ずしも最も有利な入札に對して承諾を與えねばならない拘束も受けない場合が多い。もつとも、以上は、要するに、入札にする旨の表示の內容によつて定まることだから、反對の場合もないではない。ことに、入札申出者が最低價格または最高價格を定め、かつ契約條件を具體的に表示しているときには、申込となることも少なくない。そしてその場合には、入札の開拔を開始するときに承諾の效力が發生するというべきであろう（大判明治三四・五・三一民五卷一五七頁は、明治二二年勅六〇號會計規則による入札の性質を契約の申込と解し、入札開拔後の入札撤回を許さない）。

第三款　申込・承諾以外の方法による契約の成立

〔九七〕 **第一**　交叉申込による契約の成立

一　甲が乙にある物を一萬圓で賣りたいと申し込んだときに、その申込を受領する前に、乙が甲に同一の物を一萬圓で買いたいと申し込むことがある。これを交叉申込または申込の交叉という。承諾は、申込に對してなされねばならないから、後の申込を前の申込に對する承諾とみることはできない（〔八六〕参照）。

〔九八〕 **二**　交叉申込によつて契約は成立するか。

(1)學説は分れているが、肯定してよいであろう（近時の多數説）。けだし、理論的にいえば、この場合にも、二つの意思表示は、客觀的に合致しているだけでなく、主觀的にも合致している（〔七二〕参照）。また、實際的にいえば、かような事實の生ずるのは、敏活な取引界においてであろうし、従つて、それによつて契約の成立を認めることは、取引界の需要を充たし、當事者の意思にも適するであろう。

(2)交叉申込によつて契約の成立する時期も問題となる。後の申込を承諾とみるのではないから、二つの意思表示が到達した時に成立すると解するのが正當であろう（五二六條一項の適用なし）。

第二　意思の實現による契約の成立

〔九九〕 **一**　「申込者ノ意思表示又ハ慣習ニ依リ承諾ノ通知ヲ必要トセザル場合ニ於テハ、契約ハ承諾ノ意思表示ト認ムベキ事實アリタル時ニ成立ス」（五二六條二項）。かような事實によつて契約の成立することを、意思の實現による契約の成立という。意思の實現によつて契約が成立するのは、（**イ**）申込者が承諾の通知を必要としない旨を表示した場合、及び、（**ロ**）慣習（申込者の所在地の慣習と解されている）で認められる場合である。

二　「承諾ノ意思表示ト認ムベキ事實」とは何か。

〔一〇〇〕 (1)申込の相手方（被申込者）のなす行爲の客觀的意義に從つて解すべきであるが、契約によつて取得する權利の實行行爲（申込とともに送付された品物を處分することなど）や、契約によつて負擔する債務の履行準備行爲（ホテルが注文に應じて特定の室をリザーヴして掃除することなど）は、一般に承諾の意思表示と認むべき事實となる。かような行爲は、承諾をする效果意思を伴い、かつそれを推斷させるだけの價値（表示價値）をもつているから、その限りでは、承諾の意思表示の要件を備えている。ただ、申込者に對して通知されるものでない點で、承諾の意思表示と異なるだけである。從つて、例えば、申込に應じて注文品を送付する行爲は、承諾の意思表示そのものであつて、ここにいう意思の實現ではない（〔八九〕イ參照）。——多くの學者は、意思の實現には表示意思がないから、その點で意思表示と異なると說く（例えば、鳩山五九頁參照）。然し、私は、表示意思を意思表示の要件とする必要はないと考える（總則〔二七〕3參照）。從つて、意思の實現と意思表示との差異をその點に求むべきではないと思う。

(2)申込に對して何等の積極的な行爲をしないこと（沈默）は、承諾の意思表示と認むべき事實となるか。

〔一〇一〕 (イ)その點について當事者間に豫め諒解のある場合はもちろん、同種の取引が繼續して行われている場合（商五〇九條に明文がある）、不承諾の場合にはとくに一定の積極的行爲をなすべきことが取引界の實情として要求されている場合（大判昭和一一・六・一二判決全集三輯七號五頁は、債務者が債權者に對して辨濟の猶豫を申し込み、不承諾なら財產整理人Aに交渉してくれと通知したのに對し、債權者がAと交渉しないことをもつて、猶豫申込を承諾したものとみなした）など、特別の事情があるときには、沈默も承諾の事實と認められる。

(ロ)これに反し、さような特別の事情がなければ、申込者が勝手に、「お返事がなくばお承諾とみなす」といつても、その效力を生じない。勝手に品物を送付して、購入しなければ返送せよ（返送しなければ購入とみなす）といつても、返送の義務も生じない。但し、その品物を受領したときは、自己の財産におけると同一の注意をもつて保管する責任があると解すべきであろう（六五九條（無償受寄者の保管義務）の類推――商五一〇條には特則がある）。

〔一〇二〕　**第三**　裁判・命令などによる契約の成立

社會經濟的立場から、締約の自由が制限される一態様として、一定の國家機關の裁定ないし決定によつて契約が成立したと同一の効果を生ずる場合（命令契約）があることはすでに述べた（〔二二〕イ參照）。これもまた、申込・承諾以外の方法による契約の成立の一場合ということができる。

第四款　懸賞廣告

第一　懸賞廣告の意義及び性質

〔一〇三〕　**一**　一定の行爲をした人に對して一定の報酬を與える（例えば、紛失したカバンを發見して持參した人に一萬圓贈る）という廣告を懸賞廣告といい、そのうち、一定の行爲をした者が數人ある場合にその優等者にだけ報酬を與える（例えば、民法改正の要否についての論文を募集して、一等五萬圓、二等三萬圓を與える）という廣告をとくに優等懸賞廣告という。

かような廣告をした者は、その廣告の内容に從つて債務を負擔することは疑いないが、その理論的な根據をどう説明するかについては、ドイツ普通法時代から、契約説と單獨行爲説が對立していた。契約説は、この場合の廣告は、不特定多數の人に對する、請負に類似した契約の申込であつて、廣告に定められた行爲を完了するかまたは應募をすることによつて承諾をし、兩者の間に契約が成立すると説く。これに反し、單獨行爲説は、廣告者は、廣告によつて一種の停止條件附に債務を負擔し、廣告に定められた行為がなされること、または廣告に定められた行爲をした者のうちのある者が優等者と判定されることによつて、報酬を與える債務を現實に負擔するに至ると說く。兩說の最も大きな實際上の差異は、懸賞廣告のあることを知らずに一定の行爲をした者（新聞廣告を見ないでカバンを持參した者）がある場合である（優等懸賞廣告では、この差異を生じない〔一一三〕參照）。單獨行爲說によれば、廣告者は、この者に對しても、報酬を與える債務を負う（條件が成就するから）のに反し、契約說では、その債務を負わない。なぜなら、廣告に定められた行爲をすることが廣告による申込に對する承諾であり得るためには、その申込に應ずる意思をもつてその行爲（カバンを發見するのは廣告を知らない間でもよかろうが、少なくともそれを持參すること）をすることが必要だからである（〔八六〕參照—契約說はこれを是認する。Windscheid, Pandekten., II § 308 Anm. 5; 鳩山八八頁等參照）。

そこで、ドイツ民法は、「廣告者は、懸賞廣告と無關係にその行爲をした者に對しても報酬を與える債務を負う」旨の明文（同法六五七條末段）を設けた。その結果、——懸賞廣告（六五七條—六六一條）を各種の契約の章の請負契約のつぎに、獨立の節を設けて規定しているのであるが、學者はなお——單獨行爲說をとつたものと解している（Oertmann, Vorb., zu §§ 657 ff.; Enneccerus, § 159, II 1）。これに反し、スイス債務法は、——「契約による債權の成立」の節に、一箇條（同法八條）插入しているだけで——右のような規定をしていないので、その性質に關しては、依然として、說が分れている（Oser, Art. 8, Nr. 13 ff., 24 ff.）。

〔一〇四〕 二　わが民法の解釋についても、說が分れている。民法が懸賞廣告の規定を「契約の成立」の款の中に入れていることから見ると、契約說をとつていると解するのが妥當なように思われる（從來の通說、現在でも多數說—私もそう說明してきた）。然し、懸賞廣告を契約と解することは、あまりに技巧的であつて、すべての法律關係をできるだけ契約理論で說こうとする臭味を脫しない憾がある。一般の社會觀念からみても、むしろ單獨行爲說を簡明なものとするであろう（同旨、末川各論二九六頁、田島等一三六頁）。民法修正案理由書も、懸賞廣告は、單獨行爲だとしても契約に類似した法律關係を生ずるものだから、ここに規定するのであつて、その法律的性質は學說にまかせる趣旨だという（五二九條參照）。

なお、懸賞廣告をすることが單獨行爲であつて（不特定多數の人に對する）契約の申込ではないとしても、民法の撤回に關する規定（五三〇條）などは、廣告による不特定多數の人に對する申込（〔一〇七〕イ參照）に類推適用するのが正當であろう。けだし、不特定多數の者に對して、一定の法律效果の發生を目的とする意思を表示したものである點で、兩者は酷似するからである。

第二　懸賞廣告

一　懸賞廣告の性質

〔一〇五〕　(1)懸賞廣告は、特定の行爲をした者に對して報酬を與えようとするものである。(イ)行爲の種類には制限がないが、その行爲に優劣があつて優等なものにだけ報酬を與える場合には、とくに優等懸賞廣告となる。從つて、普通の懸賞廣告では、その行爲は完了されたかされないかを區別し得るものでなければならない。(ロ)指定された行爲を完了した者でなければ、報酬を受けることができない。懸賞廣告の法律的性質を契約と解する說が請負に類似した契約だというのは、そのためである（但し、行爲を完了することによつて承諾するのだから、一種の要物契約（〔六六〕參照）となる）。また、單獨行爲說で、ある人が指定された行爲を完了することによつて條件が成就するというのも、そのためである。

〔一〇六〕　(2)一定の報酬を與えるという意思表示である。この點は、契約說（申込と解する）でも、單獨行爲說（停止條件附債務負擔行爲と解する)でも、違いはない。

〔一〇七〕 (3)右の意思表示が、廣告の方法によつてなされることが、最も重要な特色である。

(イ)廣告とは、不特定多數の人に對する表示である。――――一般に廣告と呼ばれるものには、いろいろの種類がある。法律的な意味のないものも多い(死亡廣告、同窓會の廣告など)。法律的な意味のあるものでも、觀念の通知(社員總會招集の廣告など(總則〔二六七〕イ參照))や申込の誘引(求人廣告、貸家・貸間を探す廣告など)が多く、稀には、普通の契約の申込(土地賣却の廣告などには、誘引でなく眞の申込もあり得る)などもある。それらは、ここでいう懸賞廣告でないことはいうまでもない。なお、新聞廣告と呼ばれるものでも、住所氏名のわからない特定人に對するものもある(家出した息子に對して、「母キトク直グ歸レ」というもの、匿名の投稿者に對し記者に迎えたいという申込など)。それは、ここにいう廣告でもない。

(ロ)懸賞廣告は、不特定多數の人に對する意思表示だといつても、その相手方に一定の制限があつてもさしつかえない(その日入園した者だけに寶探しをさせるなど)。また、廣告の方法にも制限がない(新聞・雜誌の掲載、電車・汽車内の掲示その他いろいろあり得る)。

二 懸賞廣告の效力

〔一〇八〕 (1)拘束力(撤回)

(イ)廣告の中に撤回しない旨を表示したときは、撤回し得ないことはいうまでもない(五三〇條一項但書)。のみならず、指定行爲を爲すべき期間を定めたときは、撤回權を放棄したものと推定される(五三〇條三項(五二一條一項參照))。

(ロ)その他の場合には、撤回することができる。但し、(a)指定行爲を完了した者のない間に限り(五三〇條一項本文)、(b)かつ、前の廣告と同一の方法によらなければならない(同上)。もつとも、前の廣告と同一の方法によることができないとき(例えば新聞の廢刊)には、他の方法によつてもよいが、その場合には、撤回されたことを知らない者に對しては、撤回の效力を生じない（五三〇條二項）。

（ハ）撤回が有效な場合には、廣告者は、廣告に定められたことをするために準備行爲をした者に對しても、その出費を辨償する責任を負わない。もつとも、廣告をしたこと自體に過失があつたときには、——懸賞廣告を單獨行爲と解しても、特定の人の間に契約類似の關係を成立させようとするものだから——契約締結上の過失の理論（〔四五〕—〔四七〕參照）を類推して、責任を認め得るであろうと思う。元來、單獨行爲說をとるときは、撤回を認める根據に乏しいといわれる。然し、停止條件附債務負擔行爲であることと、不特定人に對するものであることの特殊性から、とくに撤回を認めても、必ずしも不合理ではあるまい（ドイツ民法は單獨行爲說をとりながら、なお撤回を認める（同法六五八條））。但し、立法論としては、一定の條件の下に、廣告者に損失補償の責任を認めることが至當であろう（ス債八條二項はこれを認める。Oser, Art. 8, Nr. 19 は契約締結上の過失の理で說明し得るという。但し、ドイツ民法の解釋としては否定說が多いようである (Enneccerus, § 159, III)）。

〔一〇九〕 (2) 實質的效力　指定行爲を完了した者は、廣告に定められた報酬を請求する債權を取得する。

（イ）廣告に應じて行爲をする旨の通知は、必要でもなく、またそれをしただけでは、何等の法律效果も生じない。

（ロ）廣告を知らずに指定行爲をした者も、右の債權を取得する。契約說との差であること前述の通りである（〔一〇三〕參照—もっとも、契約說をとる學者のうちにも、單獨行爲としての懸賞廣告もあり得るとして、同樣の結果を認めようとする者もある）。

（ハ）指定行爲を完了した者が數人ある場合には、原則として、最初に完了した者だけが報酬を受けることができる（五三一條一項・三項）。數人が同時に完了したときは、原則として、平等の割合で分割し、報酬がその性質上分割に不便なときまたは廣告に報酬を受ける者は一人と限定したときは、抽籤で一人を定める（五三一條二項・三項）。

（二）數人が共同して行爲を完了したときは、共同で完了することを禁ずる趣旨でない限り、數人共同して報酬請求權を取得すると解すべきである（下民六六〇條は、廣告者が、數人の者の行爲の結果に對する寄與の大小に應じて然るべく分けるのを原則とする）。

第三　優等懸賞廣告

一　優等懸賞廣告の性質

〔一一〇〕(1)優等懸賞廣告は、懸賞廣告の一種であるから、特定の行爲をする者に對して、報酬を與えることを、不特定多數の者（但し、この場合には、相手方を限定することが多い。例えば、大學生に限るとか、素人に限るなど）に對し、すなわち廣告の方法で、表示することを必要とする。なお、つぎの特色を有する。

〔一一一〕(2)廣告に指定した行爲をした者が數人あるときにその優等者にだけ報酬を與えるものである。從つて、指定行爲は優劣の差をつけ得るものでなければならない（文學・藝術・學術の領域における作品にその例が多い）。

〔一一二〕(3)應募の期間を定めることが要件である（五三二條一項）。そうでないと、應募者が無限に增加し、その中の優等者を決定するということが不可能だからである。

〔一一三〕(4)指定行爲を完了した上で廣告者にこれを通知して（應募）判定を受けなければならない。指定行爲は廣告の前に完了したものでもよい（舊作でもよい。但し、未發表のものに限るというような制限があれば、これに從うべきこともちろん）。然し、應募は、必ず、廣告に對してなされることを要する（從つて、優等懸賞廣告においては、契約說と單獨行爲說との間に實際上の差がないようである）。

二　優等懸賞廣告の效力

〔一一四〕(1)應募者があつたときには、廣告者は、まず第一に、各應募者に對して、その優劣を判定する債務を負擔する。優等懸賞廣告による單獨の債務負擔行爲には、當然に、そのような効果を含むと見るべきだからである（契約説は、各應募者との間に、判定するだけの効果を生ずる契約が成立すると説く（鳩山一〇二頁參照））。

〔一一五〕

(2)判定は、應募者の作品の優劣を判斷する行爲（正確な意味の意思表示ではない）である。

（イ）判定者を廣告に定めたときは、その者が判定することはいうまでもないが、これを定めなかつたときは、廣告者がこれをする（五三二條二項）。

（ロ）判定の標準は、原則として、相對的であり（應募者中の比較的優等なもの）、従つて、優等者なしという判定はできないと解すべきである（同旨鳩山九七頁）。但し、その懸賞廣告の性質上、當然に一定の客觀的標準が豫定されている場合（例えばある大學で毎年學生論文を募集する場合など）には、その客觀的標準に達する者がなければ、優等者なしという判定も適法である。また、そうでない場合にも、一等に該當する者がないから二等・三等の受賞者の數を増す（報酬の總額に變更なし）という判定も、許されると解すべきである。

（ハ）應募者は、判定に對して異議を述べることができない（五三二條三項）。その意味は、判定者のした優劣の價値判斷に對して異議を述べ得ないということである。判定が無効であること――例えば選定された作品が僞作であること（判定者が僞作を知らずに選定したときは錯誤の規定（九五條）を類推して無効とすべきである）、その應募者に應募資格のないこと、など――を主張することは、できる。

〔一一六〕

(3)判定によつて優等と決定した者だけが報酬を受ける權利を取得する（従つて、判定前には、應募者は、判定を請求する權利はあるが、みずから優等者ときめて報酬を請求する權利はない）。數人の行爲が同等と判定されたときは、懸賞廣告におけると同様に、廣告に別段の定めのない限り、報酬を平等に分割し、報酬の性質が分割に不便なものであるときは、抽籤によつて一人を選定する（五三二條四項）。

〔一一七〕 (4)廣告に特別の定めのない限り、指定行爲によつて作られたものについての權利（所有權・著作權・特許權など）に對し、廣告者は何等の權利も取得しない（下民六六一條四項は明文でそう定める）。

第三節　契約の效力

第一款　序　説

第一　契約の成立と效力の發生

〔一一八〕 一　契約は、合意――少數の場合には、これと同視される法律要件――があれば成立する（〔七二〕―〔七四〕參照）。然し、成立した契約が常に當事者の目的とした法律效果を發生するとは限らない。さような效力を生ずるには、別に、效力發生の要件を必要とする。

〔一一九〕 二　民法は「契約ノ效力」と題して、同時履行の抗辯權（五三三條）・危險負擔（五三四條―五三六條）及び第三者のためにする契約（五三七條―五三九條）の三つの事項を規定する。このうち、前の二つは、雙務契約に特有の問題であり、最後の一つは、賣買その他の契約の內容としてなされる特殊の效果――契約の效果を、普通の場合のように契約を締結した當事者に歸屬させないで、第三者に歸屬させること――について定めるものであつて、いずれも契約の效力に關する基本的な事項ではない。契約は、法律行爲のうちで最も主要なものであるから、民法總則編の法律行爲に關する規定（九〇條―一三七條）及び能力に關する規定（三條―二〇條）は、契約について最も多くの適用をみるものであることを記憶すべきである。ここには、とくに契約について問題とすべき點だけを說く。

第二　契約の一般的效力發生要件

契約の内容が(a)可能であり、(b)確定し得べきものであり、かつ、(c)適法であつて社會的妥當性のあるものでなければならない、ということが、契約が效力を生ずるための一般的な要件である。

〔一二〇〕 一　契約の内容が可能であること

(1)原始的に不能なことについては、債權は成立しない(債總〔二五〕參照)。從つて、その契約は效力を生じない(無效である)(總則〔二九五〕參照)。雙務契約(例えば特定の家屋の賣買)の一方の債務(代金支拂債務)だけが可能でも、他の債務(家屋の所有權移轉債務)が不能であれば、可能な方も成立しないから、結局、その契約は全部的に無效となる(〔七〇〕參照)。ドイツ民法(同法三〇六條)・スイス債務法(同法二〇條)はこれを明言している。わが民法には規定はないが、當然の事理と解されている。判例もそうである(大判大正三・一一・二七民九九一頁(賣買の目的たる債權が契約當時すでに消滅していた例))。

不能な事項について現實的な履行の請求權を認めることは、理論的に不可能である。然し、履行に代る損害賠償の請求權を認めることは、可能である。從つて、原始的に不能な事項を目的とする契約についても、損害賠償債務の成立を認めて契約を有效とすることも考えられる。然し、わが民法は、債務不履行に基づく損害賠償債務を、一度成立した債務の變形(塡補賠償)または擴張(遲延賠償)とみていると解すべきだから(債總〔一三八〕參照)、最初から不能な——從つて現實的な履行請求權を認める餘地のない——債務について損害賠償債務だけを發生させることは、解釋論として妥當を缺く。もつとも、民法は、賣買その他の有償契約の目的が原始的に一部不能な場合にも、全部について債務が成立するものとして、賣主その他の擔保責任を定めている（五六五條・五五九條參照）。然し、これは、とにもかくにも可能な部分がある場合であり、しかも、實際上、不能な部分は僅少に限られるのが普通だから、これを擴張して、全部不能の場合を同様に律することは正當ではあるまい。――なお、原始的に不能な契約を締結することに過失ある者は、いわゆる契約締結上の過失に基づく損害賠償義務を負うべきことについては、すでに詳說した（〔四六〕）。

〔一二一〕 (2)原始的不能か後發的不能かは、契約成立の時を標準として定むべきである。債權が契約によつて生ずる場合には、契約の成立の時に債權も成立するのが普通である。然し、停止條件附契約にあつては、條件成就の時に債權が成立する（條件成就前の條件附債權（一二八條參照）は債權そのものとは別の權利である（總則〔四二〇〕參照））。從つて、契約の成立した後、條件の成就する前に、不能が生じたときは、原始的不能となすのが正しいように思われるかもしれない。そう解釋する說が相當に多い。然し、契約が原始的に不能なことによつて效力を生じないというためには、契約成立の時を標準とすることが正當であろう。のみならず、實際からいつても、右のような履行不能も債務不履行の一場合として、債務者の責任を認めることが妥當であろうと思われる（債總〔一一五〕參照――なお、危險負擔に關する五三五條の解釋について問題となることにつき〔一五〇〕參照）。

〔一二二〕 (3)契約の效力發生を阻止する不能は、社會經濟的な觀念である（總則〔二九六〕參照）。不能に客觀的不能と主觀的不能を區別し、ここにいう不能は前者に限り、後者、すなわち當該債務者にとつてだけ不能な場合（例えば、語學の素養のない者が通譯をする契約をした場合）には、契約は有效に成立するものとして、履行することができないことについて、債務者に、履行に代る損害賠償責任を認めようとする說がある。結論は正當であるが、不能の觀念として二種を區別する必要はないと考える（債總〔一九八〕參照）。

〔一二三〕**二**　契約の内容が確定することのできるものであること　但し、當事者の意思が、合理的な標準に從つて決定しようとするのであれば、具體的に決定されていない部分があつても、なお確定し得べきものであることは、いうまでもない（債總〔二六〕參照）。

〔一二四〕**三**　適法であつて、かつ社會的妥當性のあるものであること　公の秩序善良の風俗に反する契約や、强行規定に反する契約の無效であることは、いうまでもない（總則〔三〇〇〕—〔三〇七〕、債總〔二四〕參照）。そして、契約自由の原則のうちの内容決定の自由が次第に縮限していること——いいかえれば、不適法とされる範圍が次第に擴大していること——は、すでに詳述した通りである（〔二六〕—〔三一〕）。

第二款　雙務契約の特殊の效力

第一項　序

〔一二五〕**一**　雙務契約の各當事者の負擔する債務は、互に對價的な意義のあるものだから（〔六二〕參照）、各債務の間には、特殊の牽連關係を認める必要がある。民法は、履行上の牽連關係（同時履行の抗辯權）と存續上の牽連關係（危險負擔）について規定しているが、更に、成立についても牽連關係を認めねばならない。

二　雙務契約の各債務における三つの牽連關係

〔一二六〕(1)成立上の牽連關係　雙務契約の一つの債務が不能・不法などの理由で成立しないとき（例えば、既に燒失した家屋を引渡す債務、妾となる債務）は、その對價たる他の債務（代金債務、生活費を給與する債務）も成立しない。一つの債務が無能力や詐欺强迫を理由として取り消されたときも同様である。従つて、かような場合には、契約そのものが効力を生じない（〔一二〇〕參照）。これが雙務契約から生ずる各債務の成立上の牽連關係である。

〔一二七〕 (2)履行上の牽連關係　雙務契約の各債務は、一つの債務が履行されるまでは、他の債務も履行されなくともよい、という關係に立つ。これが雙務契約から生ずる各債務の間の履行上の牽連關係である。もつとも、この履行上の牽連關係については、强弱二つの立法主義がある。强い牽連關係を認めるものは、雙務契約の債權者が他方に對して履行を請求するには、まず自己の債務を履行するか、少なくとも履行の提供をすべし——いいかえれば、雙務契約の債務者は、相手方が履行または履行の提供をした場合にのみ、履行を强制されるもの——とする。スイス債務法は、この主義をとる（同法八二條參照）。これに反し、弱い牽連關係を認めるものは、雙務契約の債權者は、自己の債務と引き換えにのみ、他方に對してその履行を强制することができるものとなし、自己の債務の履行または履行の提供をせずに相手方の債務の履行を請求したときは、相手方は抗辯權（不履行の抗辯權・同時履行の抗辯權）をもつものとする。ドイツ民法はこの主義をとり（同法三二〇條・三二二條參照）、わが民法もほぼ同様である。前の主義は、法律關係を簡明に處理する長所をもつが、債權者にとつて負擔が重すぎるように思われる。

なお、フランス民法には、雙務契約に關する一般的な原則としての同時履行の抗辯權に關する規定はない。然し、近時の學說は、雙務契約から生ずる兩債務の牽連性の原理と賣買に關する二三の規定とを根據としてこれを認め、判例もこれと同調している。その內容はドイツ民法に近いように思われる（Colin et Capitant, II, no. 142, 143; Planiol, II, no. 485—490）。

同時履行の抗辯權は、次項に述べるように、雙務契約から生ずる對立する債務がともに履行期に達している場合の關係であつて、一方の債務だけが履行期に達したときは、この關係は生じない。例えば、賣買契約において、賣主がまず目的物を移轉し（先履行の義務）、買主はその後三箇月を經て代金を支拂うべきものとされているような場合には、買主から目的物の移轉を請求するのに對し、賣主は同時履行の抗辯權をもたない。然し、その場合にも、契約の締結後に買主の財產狀態が惡化して、期限到來後における賣主の請求が實效を收め得ないようなときには、賣主をして無條件に買主の請求に應じさせることは、公平に反する。ドイツ民法（同法三二一條）及びスイス債務法（同法八三條）は、さような場合には、賣主は買主に對して擔保の提供を求め、それまで自分の債務の履行を拒絕し得るものと定める（他の立法例について、田島等二四四頁以下參照）。一種の事情變更の原則の適用である（〔二一九〕參照）。わが民法には類似の規定はない。然し、事情變更の原則が雙務契約にとくに強く作用すべきものであることを考えるときは、相手方の財產狀態の惡化がとくに甚しく、先履行を强いることが信義の原則に反する場合には、相手方が擔保を供するか、その他履行が確實に行われることについて何等かの保證を與えない限り、先履行義務者は履行を拒むことができると解すべきものと思う。もつとも、スイス債務法は、さらに、相手方が相當の期間內に擔保を供さないときは、先履行義務者は契約を解除することができると定めるのに反し、ドイツ民法にはさような規定がない。そして、學者は、一般に解除權の發生を否認する（Oertmann, § 321, 5a）。わが民法の解釋としても、解除權の發生をたやすく認めるわけにはいかないであろう。但し、事情變更の原則の一般的な適用によつて解除權が發生する場合はもとより別問題である（事情變更に關する〔二一九〕ハd、解除に關する〔二六七〕以下參照）。

〔一二八〕　(3)存續上の牽連關係　雙務契約の各債務が完全に履行される前に、一つの債務が債務者の責に歸すべからざる事由によつて履行不能となつて消滅した場合には、他の債務は、いかなる影響を受けるか。例えば、賣買の目的たる特定の自動車が空襲で滅失し、賃貸借の目的たる家屋が類燒したような場合には、賣主は自動車を給付する債務を免れ、賃貸人は家屋を使用させる債務を免れることは明らかである。然らば、その場合に、他の債務、すなわち、買主の代金債務・賃借人の家屋滅失後の賃料債務は、なお存續するか、それとも、これらの債務もまた消滅するか。これらの債務が一箇の雙務契約から生じたものであることは、いかなる結果を導くものであろうか。これが、雙務契約から生じた債務の存續上の牽連關係、すなわち、危險負擔の問題である。そして、他の債務もともに消滅する（賣主は代金を請求し得ず、賃貸人は賃料を請求し得ず）とすれば、履行不能によつて債務が消滅することの危險は、その消滅した債務の債務者（賣主・賃貸人）が負擔すること（債務者主義）になり、反對に、他の債務は存續する（賣主は代金を請求し、賃貸人は賃料を請求し得る）とすれば、右の危險は、債權者（買主・賃借人）が負擔すること（債權者主義）になる。

ところが、この點については、以前から立法主義が分れていた。ローマ法では、賣買においては、「危險は買主にあり」(periculum est emptoris)とされ、賃貸借においては、反對に、「危險は賃貸人にあり」(periculum est locatoris)とされた。そして、その後各國の立法例は一致しない（末弘「雙務契約と履行不能」第二章（法協三四卷七五五頁以下）、平野「賣買に於ける危險負擔の原則に就て」（民法に於けるローマ思想とゲルマン思想所收）參照）。

現行の主要な立法主義には、右の債權者主義と債務者主義の他に所有者主義（雙務契約によつて所有權が債權者に移轉したときから債權者が危險を負擔するとなすもの）があるといつてよいであろう。然し、どの立法も一つの主義で貫かれているのではない。

わが民法は、形式的には債務者主義を原則とする（五三六條）が、債權者主義とする廣汎な例外を認めている（五三四條・五三五條）ので、實際上は、債權者主義に近い。

實質的にみて、わが民法に近いのは、スイス債務法である。同法は、債務者主義を原則として掲げている（同法一一九條二項）が、賣買契約その他について、別段の特約のない限り、債權者主義を適用する（同法一八五條）——もつとも、不動產の賣買についてさらに特則を設け、引渡時期の定めがあるときは、その時から危險が移轉するものと推定するのではあるが（同法二二〇條）——ので、債權者主義の適用される場合が多くなつている（Oser, Art. 119, Nr. 22; Art. 185, Nr. 3 ff.）。

フランス民法は、債權者主義をとるようにみえるが、それは、與える債務、とりわけ特定物の賣買について、所有權と危險とがともに移轉するとなす規定（Art. 1136—1138, 1583 et suiv.）であつて、その他の雙務契約については、一般的な規定はない。そして近時の多くの學者は、これらの規定の意義を所有權が移轉するから危險も移轉する趣旨（所有者主義）と解し、雙務契約の一般原則としては——雙務契約から生ずる債務の牽連性を理由として——債務者主義を採るべきものとする（Colin et Capitant, II, no. 145—148）。もつとも、さらに理論を徹底させて、所有權が移轉すれば所有權を取得した者がその物の滅失・毀損の危險を負擔するのは當然のことだが、それは雙務契約における危險負擔の問題ではないとなし、雙務契約における危險負擔の問題としては、債務者主義だと主張する學者もある（Planiol, II, no. 491 et suiv.）。然し、いずれにしても、民法の規定で買主が危險を負擔するものとされる場合以外は、債務者が危險を負擔するものとなす結論には、差異がない。その結果、——同法の物權變動に關する意思表示の效力は、わが民法におけると酷似し、わが民法でも、債權者主義が適用される場合(五三四條)には、所有權の移轉を生ずることが多い(物權〔七二〕・〔七九〕・〔八〇〕參照)ので、——同法が所有權と危險とがともに債權者(買主)に移轉するとなす場合と、わが民法が債權者主義をとる場合との範圍には、大差なきものとなる(Colin et Capitant, II, no. 145—148; Planiol, II, no. 493—504)。

ドイツ民法は、債務者主義を原則として掲げ(同法三二三條)、わが民法やスイス債務法のような廣汎な例外を認めていない。然し、賣買については、目的物の引渡(所有權の移轉を伴うべきかどうかは爭われている (Oertmann, § 446, 1a))または所有權の移轉登記(引渡前になされたとき)の時から危險は買主に移轉し(同法四四六條)、また賣主が、買主の要求によつて、目的物を、引渡すべき場所以外の場所に送付したときは、運送人その他の運送機關に目的物を交付した時から、危險は買主に移轉する(同法四四七條)ものと定めている。實際上相當重要な例外というべきであろう。

雙務契約から生ずる對立的な債務は、互に密接な關係を有するものであつて、その成立及び履行について牽連關係を認めることが公平に適するなら、その存續についても、同樣の牽連關係を認めて、一方が消滅すれば、他方も消滅するとなすこと(債務者主義)が至當なように思われる。それにもかかわらず、ローマ法が賣買について債權者主義をとり、現在の立法例においても、その影響がなくならないのは、何故であろうか。ドイツ普通法時代から、いろいろの說明が試みられた。そのうち、賣買契約の締結によつて、買主はすでに目的物の價格の騰貴による利益や轉賣による利益を擧げ得る地位を取得するからだ(利益の歸するところに損失も歸する)と說くものと、賣買契約によつて所有權が移轉するから危險も移轉するのが當然である(所有者は危險を負擔する)と說くものとが、最も有力である。然し、前說に對しては、買主は目的物の値下りの不利益をも受けるのだから、目的物の滅失・毀損の責任まで負うべきものとすることは公平に反する、という非難が加えられる。また、後說に對しては、觀念的な所有權が移轉しても、對抗要件（引渡や登記）の濟まないうちに危險を移轉させることは、必ずしも公平に適するといい得ないのみならず、所有權の移轉と危險の移轉とを必ずしも一致させていない立法例（ドイツ民法やスイス債務法はそうであること前に述べた通り）を說明し得ない、という非難が加えられる。結局、多くの學者は、賣買についても一般に債權者主義を採るべき合理的な根據はないという（但し、平野前揭は商事賣買については今日でも合理性ありという。また、岡村玄治「雙務契約における危險負擔」（志林五〇卷記念論集「法と社會」所收）は、わが民法を徹底した所有者主義で說き、かつ合理的だという）。そして、この主義を採る立法を說明する理由としては、賣買によつて買主は目的物を自己の支配內に收めるから危險を負擔するに至るという他はないとなし、解釋論として、その適用範圍を、右の標準に從つて、できるだけ制限しようとする。

第二項　同時履行の抗辯權

第一　同時履行の抗辯權の意義

〔一二九〕　一　同時履行の抗辯權は、すでに述べたように、雙務契約から生ずる對立した債務の間に履行上の牽連關係を認めようとする制度であつて、公平の原則に基づくものである（〔一二七〕參照）。自己の債務を履行せずに相手の債務だけを請求することは公平に反するという思想に立脚し、債務者に履行を拒否する權能を認める點において、留置權に酷似する。沿革的にも密接な關係を有するものであるが、兩者の關係についての現在の立法例は極めて區々に分れていることは、留置權に關連してすでに述べた（擔保〔二八〕）。わが民法においては、留置權は、履行を拒否する權能を與えられる者の負擔する債務の目的となる物と、その者の有する債權との間の關係（その物に關して生じた債權であること）を中心として獨立の物權として構成されるのに反し、同時履行の抗辯權は、履行を拒否する權能を與えられる者の負擔する債務とその者の有する債權とが一箇の雙務契約から生ずることを要件として、債務に伴う單なる權能として構成されている。從つて、前者は、すべての人に對して主張し得る（擔保〔五二〕參照）のに反し、後者は、一箇の雙務契約から生じた債權としての同一性を失わない限りにおいて主張し得るだけである。

〔一三〇〕 二　同時履行の抗辯權は、右に述べたように、一箇の雙務契約から生じた對立する債務の間の關係である。然し、一箇の雙務契約から生じた對立する債務について同時履行の抗辯權を認めるのは、兩債務が、互に、一方が債務を負擔するから他方も債務を負擔するという關係を有し、從つて、兩債務を關連的に履行させることが公平に適するからである。そうだとすれば、この抗辯權の適用範圍を決定するに當つては、一箇の雙務契約から生ずるという形式に重きを置かずに、兩債務が一箇の法律要件から生じ、關連的に履行させることが公平に適する場合には、廣くその適用を認めて然るべきである。（イ）民法が、すでに、解除による原狀回復義務（五四六條）、賣主の擔保責任（五七一條）、請負人の瑕疵修補義務（六三四條）、終身定期金契約の元本返還請求（六九二條）などについて、同時履行の抗辯權を認めている（五三三條の準用という形式をとる）のは、右の趣旨を示すものである。（ロ）然し、民法の規定がなくとも、同樣の趣旨を擴張してよい。辨濟と受取證書の交付とが同時履行の關係に立つと解されるのはその一例である（債總〔四二八〕八參照）。なお、契約が無效または取り消された場合の返還義務などについても、これを類推適用すべきものと考える（同旨田島等二〇九頁）。判例は以前反對であつたが（大刑判大正三・四・一一刑五二五頁（詐欺による取消）、大判昭和二・一二・二六新聞二八〇六號一五頁（錯誤による無效））、近く、未成年者の行爲が取り消された場合の原狀回復義務について、第五四六條を準用すべき旨を判示した（最高判昭和二八・六・一六民六二九頁）。

第二　同時履行の抗辯權の成立要件

〔一三一〕一　第五三三條が適用されるためには、（イ）同一の雙務契約から生ずる兩債權の存在すること、（ロ）相手方の債務が履行期にあること、（ハ）相手方が自己の債務の履行またはその提供をしないで履行を請求すること、の三つの要件を必要とする。兩債務の履行場所の異なることは、さしつかえない（大判大正一四・一〇・二九民五二三頁）。けだし、同時に履行するとか、引き換えに履行するといつても、後に述べるように、事實上給付を交換することを意味するのではないからである。なお、同一の雙務契約から生じた債務でない場合にも、同時履行の抗辯權を認むべき場合のあること、及び相手方の債務の履行期が到來する前にも拒絶權を認める必要のあることは、前記の通りである（〔一三〇〕・〔一二七〕後段）。

〔一三二〕二　同一の雙務契約から生ずる兩債權の存在すること

雙務契約を締結した當事者間には限らない。債權が讓渡され、または債務が引き受けられても、この抗辯權は存續する。これに反し、債務について更改があれば、抗辯權は消滅する（大判大正一〇・六・二民一〇四八頁）。前者では、債權は同一性を失わず、後者ではこれを失うからである。但し、例えば、賣買契約における目的物を供給する賣主の債務を第三者が代つて履行する契約をしたような場合に、果して債務者の交替による更改であるかどうかは、具體的事情に即して愼重に決すべきである（債總〔五二一〕參照）。

なお、借地法の認める建物買取請求權（同法四條二項・一〇條）、借家法の認める造作買取請求權（同法五條）などのような形成權の行使によつて賣買契約關係が成立する場合にも、同時履行の抗辯權を生ずることはいうまでもな

い（大判昭和七・一・二六民一六九頁、同昭和七・九・三〇民一八五九頁）。

〔一三三〕 三 相手方の債務が辨濟期にあること

雙務契約から生ずる對立する債務も、必ずしも辨濟期を同じくするとは限らない。

(イ)民法の規定によって對價が後拂いとされる契約――例えば、賃貸借（六一四條參照）・委任（六四八條參照）・請負（六三三條參照――大判大正一三・六・六民二六五頁）など――においては、特約なき限り、相手方は、對價の支拂（またはその提供）のないことを理由として、同時履行の抗辯權を主張することはできない。

(ロ)契約の趣旨によって、一方がまず履行すべき債務を負擔するときも同樣である。例えば、隔地者間の賣買で、賣主がまず目的物を一定の場所に送付し、積出證明書と引き換えに代金を支拂うべき場合（大判大正一〇・六・二五民一二四七頁）、一方が資金を供與し、他方が木炭を製造して製品の賣却代金を分配する場合（大判昭和一二・二・九民三三頁）、賣主が荷爲替の取組をなすべき賣買（大判昭和一〇・六・二五民一二六一頁）などがその例である（但し、荷爲替を取り組むことが賣主の義務でない場合には別である（大判大正九・一二・一七民一九四四頁））。但し、一方の當事者が果して先履行の義務を負う趣旨かどうかは、各場合について愼重に決すべきである。例えば、不動産の賣買で「殘代金支拂の上登記をする」という特約は、原則として、殘代金と引き換えに登記を移轉する趣旨と解されている（大判大正七・二・二民二四五頁）。

(ハ)先履行の義務を負う者が履行しないでいる間に相手方の債務が履行期に達した場合には、相手方の請求に對して先履行義務者も同時履行の抗辯を提出することができるか。一般理論としては、肯定してよいであろう（通說、反對田島等二二一頁）。けだし、同時履行の抗辯權の要件としては、これを行使する際に相手方の債務が履行期にあることが要求されるだけであって、はじめから履行期が同一であることを要するのではないと解すべきだからである。但し、形式的にみて一方の當事者が先履行の義務を負う場合にも、種種の態様があることを注意しなければならない。そして、（a）先履行の義務を負う者の履行（給付）があつてはじめて相手方の履行（給付）が可能となる場合（例えば、一方がまず施設を作り、他方がそこで仕事をする債務を負う場合など）はもとより、（b）相手方が、先履行の義務を負う者の履行（給付）の利益をまず受けて、それから後で反對給付をするという趣旨が、契約の中に含まれているとき（賃貸人や受任者の先履行義務は一般にそうであろう）、さらに、（c）一方の先履行によつて、履行がなされることを相手方において確認した後に反對給付をなすべき趣旨であるとき（例えば、賣主が一定の場所に目的物を送付して買主の検査を經てから、代金を支拂う場合）などには、後に履行すべき者の履行について一應期限の定めがあつても、その期限は第二次的のものであつて、先履行のない限りは、その者の履行期は到來しない——従つて、その期限後においても、先履行義務者は、同時履行の抗辯權を取得しない——といわなければならない。

（ニ）後に履行すべき者の財産狀態が、契約締結の後に悪化したときには、先履行義務者が例外的に同時履行の抗辯權を取得する場合もあると解すべきことは前述した（〔一二七〕後段）。

〔一三四〕 **四**　相手方が自己の債務の履行またはその提供をしないで履行を請求すること

(1)相手方が債務の本旨に從つた履行をしたときは、——債務の對立狀態は消滅し——同時履行の抗辯權の問題もなくなることはいうまでもない。問題は、一部の履行をなし、または不完全な履行をしたときである。同時履行の抗辯權の基礎にある公平の原則に從つて解決すべきである。すなわち、——

（イ）請求された債務が可分であるときは、原則として、相手方がなお履行せずまたはその履行の不完全な部分に相當するだけの債務の履行を拒絶することができる。例えば、賃貸家屋を修繕すべき義務ある賃貸人が修繕を怠るときは、賃借人は、それに相應するだけの家賃額の支拂を拒絶することができる(大判大正五・五・二二民一〇一一頁(全額の支拂を拒絶することはできないという))。その場合には、すでに經過した期間(例えば四月から六月まで三箇月間)の不履行に對して、將來の期間(例えば七ー九月分)の賃料の支拂を拒絶することもできる(大判昭和一二・二・九民三三頁)。前拂いの特約があつても、同様である(大判大正一〇・九・二六民一六二七頁)。また、土地の賣主がその一部分に存在する第三者の借地權を消滅させる義務を履行しないときは、それに相應するだけの代金額の支拂を拒絶することができる(大判明治三二・二・九民二卷二八頁)。但し、不履行の部分または不完全な部分が輕少なものであれば、一部についても抗辯權がなく(大判大正六・三・七民三四二頁、大判大正一二・五・二八民四一三頁は、かような例ともみられるが、當否疑問である。むしろ一部の抗辯を認むべきものと思われる)、反對に、重要なものであれば、全部について抗辯權が成立する(大判大正四・一二・一一民二〇五八頁は賃貸借につき賃料全額の拒絶を正當とする例)。

(ロ)請求された債務が不可分であるときは、――一部の履行の拒絶ということはあり得ないのだから――右の後段の理論――不履行または不完全な部分が重要か否かによる――に從つて解決すべきである。

(ハ)いずれの場合にも、不履行または不完全な部分が重要なものであるかどうかは、契約の趣旨と公平の原則によつて定める。例えば、土地の賣買において、賣主が、登記を移轉したが引渡をしないという場合には、その不履行は重要なものであるかどうか。一般には、重要でないといつてよかろう(大判大正七・八・一四民一六五〇頁)。然し、買主が使用することを目的とする場合には、債務の重要な部分といわねばなるまい。家屋の賣買などでは、とくにそうである。

(ニ)右に關連して、さらに問題となるのは、履行を拒絶し得る債務の内容が、自己の負擔する、履行を拒絶し得ない他の債務の内容と密接に結合している場合に、全部の履行を拒絶し得るかどうかである。

例えば、借地人が、地主に對して、借地上に建てた建物の買取を請求した場合（借地四條）には、借地人の借地返還債務と建物引渡債務のうち、建物引渡債務だけが地主の代金支拂債務と同時履行の關係に立つ。然し、借地を返還して建物の引渡だけを拒絶することは、不可能に近い。同樣の關係は、借家人が造作の買取を請求した場合（借家五條）にも生ずる。造作を家屋から分離すれば、賃借家屋を返還して造作だけの引渡を拒絶することは可能であろう。然し、それでは、造作の價値が著しく減ずる（水道や電燈の設備の買取を請求した場合を考えよ）だけでなく、造作は家屋に附加されてその家屋の客觀的な利用價値を增すものであるからこそ、その買取請求權を認めたのであるのに、その立法の趣旨を破ることになる。判例は、借地人が建物の買取を請求した場合について、建物の引渡を拒むことに附從的なものとして、土地の引渡をも拒むことができるとなし、ただそれによつて得る利得（地代相當額）は不當利得として返還すべきものと判示した（大判昭和七・一・二六民一六九頁、同昭和一八・二・一八民九一頁等）。極めて正當であるが、借家人が造作の買取を請求した場合について同樣の趣旨を認めないのは不當である（大判昭和七・九・三〇民一八五九頁、判民一四五事件（我妻）—留置權についても同樣の問題を生ずる（擔保〔四六〕參照））。

〔一三五〕　(2)相手方が債務の本旨に從つた提供をした場合にも、同時履行の抗辯權はなくなる。

(イ)提供の程度は、一般の原則による（四九三條（債總〔三二二〕參照））。一部の提供または不完全な提供があつた場合の關係は、右に述べた一部の履行または不完全な履行があつた場合の關係と同一である（右に擧げた判例には、提供の例も含まれている）。

(ロ)最も問題となるのは、相手方が一度債務の本旨に從つた提供をすれば、他方は、全然同時履行の抗辯權を失うかどうかである。例えば、土地の賣主が約旨に從つて登記所に出頭して移轉登記の履行の提供をしたが買主が受領しなかつた場合に、後にその賣主から買主に對して代金の支拂を請求したときは、買主は、もはや同時履行の抗辯權はなく、從つて、賣主は、無條件に支拂を命ずる判決を得ることができるものであろうか。それとも、買主は、なお同時履行の抗辯權を有し、賣主は、後述のように、引き換えに支拂を命ずる判決を得ることができるだけであろうか。前説をとる有力な學説がある（鳩山一九頁、田島等二二三頁及び同所引用の諸説）が、判例は反對である（大判明治四四・一二・一一民七七二頁、同昭和六・九・八新聞三三一三號一五頁）。疑問の餘地ある問題だが、判例を支持すべきものと思う（同旨末川九九頁、林五二頁）。反對説は、民法が「相手方ガ債務ノ履行ヲ提供スルマデ」と規定していることと、すでに提供を受けて受領しなかつた者、すなわち通説によれば受領遲滯にある者（債總〔三四一〕參照）は、同時履行の抗辯權を有せずとすることが公平に合するということを主要な理由とする。然し、一方の當事者が一度提供した以上、その後財産關係が悪化しても、目的物を他に轉賣して履行することができなくなつても、他方に對して無條件に支拂を命ずる判決を取得し得るものとするのが果して公平であるかどうか、甚だ疑問である。一方の當事者は、履行の提供をしてもその債務を免れるものではないから、兩債務の履行上の牽連關係はなお存續し、他方の當事者は、なお同時履行の抗辯を主張し得ると解する方が、むしろ公平に適するものと思われる。もつとも、後に詳述するように、一方の當事者が契約を解除するには、催告に當つて一度提供すれば足り、これを繼續する必要がないと解するのが正當である（〔一三三〕參照）。そうだとすると、このことから、一度提供すれば相手方を履行遲滯に陷しいれることができる（解除は履行遲滯の效果だから）、すなわち、相手方は同時履行の抗辯權を失う（相手方が履行遲滯の責に任ずるかどうかは、その不履行が違法かどうか、すなわち同時履行の抗辯權を失うかどうかによつて定まるから（債總〔一五八〕參照））と推論すべきことになるようにみえる。然し、提供されて受領しなかつた者の地位も、一律に決定する必要はあるまい。提供した者が、解除して關係を清算しようとする場合には、一度提供すれば足りるが、本來の給付を請求しようとするときは、なお自己の債務と引き換えに履行させることができるだけだと解することも妨げあるまい。けだし、前の場合には、解除する者は自己の債務を免れるのだから、相手方は、解除する者の債務の履行についてほとんど利害關係がない。これに反し、後の場合には、請求者は、なお自己の債務を履行しなければならないのだから、これを引き換えに履行させることは、相手方の地位を正當に保護するのみならず、雙務契約の履行關係を簡明に處理することになる。ドイツ民法(同法三二〇條)は、「反對給付の實現まで……拒絕することができる」(……bis zur Bewirkung der Gegenleistung verweigern)と規定しているのではあるが、通說は、受領遲滯となつても同時履行の抗辯權を失わないといつている(Oertmann, § 320, 6 ; Enneccerus, § 33, III 1)。スイス債務法の立法主義とともに參考に値する(〔一二七〕參照)。要するに、雙務契約の一方の當事者が一度債務の本旨に從つた提供をすれば、——適法な催告その他の要件と合して——解除權は發生する。その意味では、相手方は履行遲滯に陷いる(遲延賠償を支拂う責任も生ずると解してよい)。然し、本來の給付を請求するのに對しては、なお同時履行の抗辯權を失わない、と解すべきものと思う。

〔一三六〕

第三　同時履行の抗辯權の效力

一　同時履行の抗辯權は、相手方が履行の提供をするまで自己の債務の履行を拒むことを內容とする。

(1)履行の請求をする者が自己の債務を提供しない場合にも、請求を受けた者が同時履行の抗辯を主張しない限り、請求は何等の影響を受けず、裁判所は同時履行の抗辯權の存在を顧慮すべきではない(大判大正七・五・二民九四九頁)。然し、同時履行の抗辯權が主張されたときには、請求者が履行の提供をしたことの擧證責任は、請求者自身が負擔すると解すべきである。

〔一三七〕 (2)同時履行の抗辯權が適法に主張された場合にも、原告（請求者）敗訴の判決をなすべきではなく、被告に對し、原告の給付と引き換えに給付すべき旨を命ずる判決（一部勝訴の判決）をなすべきものとされている（判例（大判明治四四・一二・一一民七七二頁、同大正七・四・一五民六八七頁等）・通説）。けだし、同時履行の抗辯權の趣旨に適するものであり、かつ、原告の無條件な請求についてかような條件をつけた判決をすることは、當事者の申し立てない事項について判決することにもならないからである。但し、引き換えになすべき反對給付は判決において確定されなければならない。そうでなければ、判決は執行し得ないからである（大判昭和九・六・一五民一〇〇〇頁）。

〔一三八〕 (3)引き換えに給付すべき旨の判決に基づいて强制執行をする場合に、原告のなす給付——正確にいえば、原告が履行または提供をしたことを證明書をもつて證明すること——は、執行文付與の要件（民訴五一八條二項）か、それとも、執行開始の要件（民訴五二九條二項）か。適法な給付がなされたかどうかを判定するのは、前說によれば、裁判所であり、後說によれば、執行吏その他の執行機關である。後說を採る判例（大決大正五・八・一〇民一四二五頁等）に從う（同旨末弘一四九頁、末川一〇五頁、田島等二三八頁、反對鳩山一二二頁等）。けだし、後說の方が同時履行の趣旨に一層接近するものであり、執行機關に反對給付の有無を判定させても——反對給付の内容は判決で確定されているのだから——相手方をとくに不利益にするとは考えられないからである。

〔一三九〕 二 同時履行の抗辯權の本體的な效力は、右に述べたように、債務者がこれを行使しなければ發生しない。然し、同時履行の抗辯權の存在自體から、つぎのような效果を生ずる。

(イ)同時履行の抗辯權の附着する債權を自動債權として相殺することはできない（大判昭和一三・三・一民三一八頁（債總〔四八八〕））

參照)。

(ロ)同時履行の抗辯權を有する債務者は、履行遲滯とならない(大判大正二・一二・四民九九三頁、同大正六・四・一九民六四九頁、同大正六・一〇・二七民一九四一頁等多數、債總〔一五八〕參照)。

(ハ)從つて、相手方が解除をするためには、自己の債務を提供しなければならない(解除に關する後述〔二三二〕以下參照)。

右の判例・多數說(鳩山一二四頁、末弘一五一頁、林五五頁等)に對しては、相當多數の反對說がある(石坂四九一頁、末川一〇六頁、田島等二四三頁及び同所引用の諸說(通說につき二四一頁參照))。反對說の主たる理由は、抗辯權は、その性質上、行使によつてはじめて效力を生ずべきものであることと、もし抗辯權の存在そのものが右のような效果を生ずるものとすれば、裁判所は、當事者の主張がなくともこれを認めねばならぬことになつて――例えば、賣主が同時履行の抗辯權の附着する代金債權について本來の給付(代金額)と遲滯による損害賠償(遲延利息)とを請求する場合には、買主が同時履行の抗辯權を主張しなくとも、裁判所は、本來の給付についてだけ原告勝訴の判決を下すべき結果となつて――甚だ不都合だということである。然し、抗辯權の存在そのものが債務者の遲滯の責任の發生をとどめ、または相殺の自動債權とすることを許さない效力を有するということと、裁判所が當事者の主張をまたずに裁判をなすべきだということとは、別個の觀念である。裁判所は同時履行の抗辯權についても、當事者の主張がなければ、考慮しないことは、民事訴訟法の原則から當然のことである。然し、當事者が援用した場合に、裁判所が、同時履行の抗辯權が附着していることを理由として、遲滯による損害賠償請求權が生じないこと、または相殺が無效であることを認めるとすれば、それは、實體法的に見て、同時履行抗辯權の存在自體について效果を認めることに他ならない。同時履行の抗辯権の存在そのものが右のような效力を有するという說は、ただその限りのことをいつているに過ぎない。だから、反對說が、もし、裁判上の主張があれば、遡つて遲滯の責任の發生を止め、または、相殺を無效とする效力を生ずると解するのであれば、——實體法と手續法の混亂があるといわねばならないと思うが、その點を不問にすれば、——實際上の效果には差異がない。これに反し、反對說が、もし、裁判上の援用があつてもさような效果を生じないとするのであれば、それは甚しく公平に反するものであろう。

第三項　危險負擔

第一　危險負擔の意義

〔一四〇〕　一　危險負擔とは、すでに述べたように、雙務契約から生ずる對立した債務の間の存續上の牽連關係を定める制度である。わが民法は、債務者主義、すなわち、他の債務も消滅する、——いいかえれば、債務を免れた當事者は反對給付を請求する權利を失う——ことを原則とするが(五三六條一項)、廣汎な例外を認め、特定物に關する物權の設定または移轉を目的とする雙務契約については、債權者主義を採り、他の債務は消滅せず、——いいかえれば、債務を免れた當事者は反對給付を請求する權利を失わないもの——とする(五三四條・五三五條一項・二項)。この主義は、ローマ法、フランス民法、スイス債務法に近い。然し、多くの學者が、今日においては、合理的根據に乏しく、當事者の普通の意思と異なり、公平にも反するといつていることは、すでに述べた通りである(〔一二八〕)。

なお、危險負擔に關する規定は、任意規定であつて、當事者がこれと異なる約束をしたときは、その約定に從うべきことは、いうまでもない。從つて、危險負擔に關する債權者主義が當事者の普通の意思に反するとなす以上、これを排斥する特約の存在を認定すべき場合も多くなるといわねばならない。

〔一四一〕　二　危險負擔は、雙務契約から生ずる對立する債務について後發的不能を生ずる場合のうちで、その不能によつて債務の消滅する場合に關するものである。すなわち、――

(イ)兩當事者の責に歸すべからざる事由による履行不能。――債務者は債務を免れるから、危險負擔の問題であり、債權者主義を採ることの當否が論議される中心的な場合である。

(ロ)債權者の責に歸すべき事由による履行不能(例えば、注文者の過失で請負人の仕事完成債務が履行不能となつたとき)。――債務者の責に歸すべき事由ではないから、債務は消滅する。從つて、危險負擔の問題である。然し、反對給付を請求する權利(請負人の代金請求權)が消滅しないとすること(債權者主義)が公平に適する。けだし、債務者主義をとつて別に損害賠償請求權を認めることは關係を複雜にするだけだからである。從つて、立法主義としては、あまり問題とならない(五三六條二項參照—ド民三二四條も同旨、ス債には一般的な規定はないが、學者は、解釋論として同趣旨を認めようとする(Oser, Art. 119, Nr. 24))。

(ハ)債務者の責に歸すべき事由による履行不能(例えば、賣買の目的物が賣主の責に歸すべき事由で滅失したとき)。――債務は消滅せず、損害賠償債務として存續する。從つて、危險負擔の問題とならない。相手方(買主)は、損害賠償を請求するか(自己の代金債務を免れない)、解除をする(自己の債務を免れる)ことになる。

(ニ)兩當事者の責に歸すべき事由による履行不能(例えば、賣買の目的物が賣主買主雙方の共同の過失で滅失したとき)。――右ハの場合と同樣に危險負擔の問題ではない。相手方(買主)の損害賠償請求について過失相殺の規定(四一八條)が適用されるだけである。

〔一四二〕

第二　例外としての債權者主義

一　適用される範圍

(1)特定物に關する物權の設定または移轉を目的とする雙務契約である（五三四條一項）。

(イ)不特定物については、第四〇一條二項によつて特定を生じた後（債總〔三九〕參照）に履行不能を生ずることを要する（五三四條二項）。従つて、例えば、不特定物としての清酒の賣買で、買主に送付された清酒が不可抗力で腐敗したような場合に、代金請求權を認めるためには、——送付によつて特定を生じたとしても——送付された後に腐敗したことを確めなければならない（送付以前に腐敗しておれば、賣主の債務は送付によつて消滅しない（大判大正一二・一二・七新聞二二〇二號二一頁））。なお、特定する前にその種類に屬する物が悉く消滅すれば（極めて稀なことであろうが）、第五三六條の原則を適用する。

(ロ)いわゆる限定種類債務を生ずる場合——例えば、特定の樽の中の清酒の一定量の賣買（債總〔三七〕參照）——についても、右と同様である。特定の樽の中の清酒全部の賣買は、——數量を後に計算することにしたときでも——特定物の賣買である（但し、滅失して數量を確定し得なくなれば、その意味で契約は效力を失うことがあるのは別問題である（〔一二三〕參照））。特定の人の保管する蚊取線香全部（四〇棚）の賣買なども、同様に特定物の賣買である（最高判昭和二四・五・三一民二二六頁）。

(ハ)選擇債權を生ずる場合——例えば、選擇によつて定まる甲馬または乙馬を給付する賣買——においては、(a)履行不能または選擇によつて給付が特定した時（四一〇條・四一一條（債總〔七〇〕參照））から、第五三四條が適用されることになる。もつとも、選擇による特定は遡及效を有するから（四一一條）、事實上選擇權が行使される前に履行不能となつた給付を選擇して第五三四條の適用を受け得る場合を生ずるであろう。例えば、賣主（債務者）が選擇權を有する場合に、買主（債權者）の過失で甲馬が死亡したときは、賣主は、甲馬を選擇して代金を請求し得る（債總〔七二〕參照）。（ｂ）特定を生ずる前に選擇債權の目的物の全部が滅失したときは、第五三六條の原則を適用すべきである。けだし、目的物は未だ債權者の支配に屬さない點で種類債權と同樣だからである（同旨鳩山一三〇頁、田島等二六九頁その他多數說）。

〔一四三〕　(2)特定物に關する物權の設定または移轉を目的とする雙務契約であること（五三四條一項）。

（イ）特定物の上の所有權・地上權・永小作權などの移轉を內容とする賣買・交換、地上權の設定を內容とする賣買などがその例である。これらの場合には、物權の設定・移轉は、原則として、賣買・交換などの契約によつて效力を生ずる（物權〔八二〕參照）。然し、當事者間の特約その他契約の趣旨によつて、物權變動が效力を生じない場合（例えば、不動產の賣買で、移轉登記の時に所有權が移轉すると定めた場合）にも、なお第五三四條が適用されるとするのが通說である（鳩山一三八頁その他）。この制度の沿革からいえば、おそらくそうであろう。わが民法の立法者の意思も物權の歸屬を問題としない趣旨であつたらしい（民法修正案理由書五三二條參照）。然し、債權者主義に合理的な根據がないといい、目的物が債權者の支配に屬するようになることをもつてこれを說明する唯一の方法だとするなら（〔一二八〕參照）、一步進んで、目的物の引渡・登記のいずれかがなされるかまたは物權の變動を生じた場合にだけ第五三四條が適用されると解する餘地があるのではあるまいか。いいかえれば、引渡も登記もなされず、しかも所有權の移轉その他の物權變動が留保されたときは、第五三四條は適用されず、そのいずれかが生じた後に、はじめて第五三四條の適用を生ずると解することが妥當なのではあるまいか。かく解することは、不特定物について特定以後に債權者主義をとろうとする第五三四條二項の趣旨にも適するように思われる（特定の時に原則として所有權移轉の效力を生ずる（債總〔四二〕二、物權〔八二〕・〔八三〕參照））。のみならず、――理論として右のように解し得ないとしても

――不動産の賣買において、當事者が、代金の支拂と移轉登記を引き換えに行い、その時に所有權移轉の效果も生ずるものと特約したような場合には、――目的物についての支配關係がその時に變更を生ずるものと約束したことになるから、――危險負擔についても、その時期まで第五三四條の適用を排斥する趣旨の特約をしたものと解するのが妥當ではあるまいか（〔一四〇〕末尾參照）。なお、フランス民法學者は、引渡の時まで所有權は移轉しない旨の特約をしたときは、債權者主義の規定（同法一一三八條）は適用されないという（Colin et Capitant, II, no. 145; Planiol, II, no. 503, I 2896）。

〔一四四〕（ロ）特定物について二重の讓渡がなされた場合――例えば、甲が特定の家屋を乙と丙とに二重に賣ってどちらにも登記をしない間にその家屋が燒失したとき――については、債務者（賣主甲）は兩方の債權者（乙丙兩方）から反對給付（代金）を請求することができるとなし（石坂二一二頁、末弘一六七頁など）、または、任意の一方から反對給付を請求することができるとする（池田一〇一頁など）少數說があるが、通說は、第五三六條の原則を適用すべしという（鳩山一四五頁、末川一二八頁、田島等二七七頁など）。けだし、目的物は、まだ債權者の支配に屬するに至らないからである。通說を正當とする。但し、右に述べたように、引渡・登記・物權變動のいずれかを生ずることを要件とするときは、一方についてだけこれを生じた場合には、その者が危險を負擔すると解すべきことになる。

なお他人の所有物を目的とする場合にも、――目的物に對する支配はなお買主（債權者）に移らないことは、二重の賣買と同樣だから、――債務者主義の原則に從うべきである（通說）。

〔一四五〕（ハ）物權以外の權利には、適用すべきではない。例えば、特許權・實用新案權等の工業所有權についても適用されない。鑛業權・採石權・漁業權などのように法律上物權とみなされるもの（準物權）（鑛業法一二條、採石法四條三項、漁業法二三條參照）については、いささか疑問であるが、やはり適用を否定するのが正當であろうと思う。けだし、これらの權利が物權とみなされるのは、主としてその内容を規律する目的からであつて、その取引（移轉・設定）についてこれを特定物の上の物權とする趣旨を含むものとはいえないからである。

債權についても適用すべきではない。問題は、擔保物權である。判例は、抵當權附債權の賣買について第五三四條を適用し、抵當權が公賣處分で消滅した場合には、讓受人はなお代價を支拂う義務があると判示した（大判昭和二・二・二五民二三六頁）。然し、抵當權は、わが民法上、債權に附從し、獨立性をもたないものであるから、これを債權から分離してそれについてだけ危險負擔の適用條文を決定することは、妥當ではあるまい。むしろ、抵當權附債權を一體とみて、第五三四條の特則を適用せずに、第五三六條の原則を適用するのが正當であろう。そして、抵當權が消滅しても、被擔保債權がなお經濟的價値を有すると認められる場合には、目的物の一部無效を生じ、反對に、被擔保債權だけでは經濟的價値がないと認められる場合には、全部の無效を生ずると見るべきである。

〔一四六〕　(3)債務者の責に歸すべからざる事由によつて目的物が滅失・毀損した場合であること。

(イ)債務者の責に歸すべからざる事由であれば、兩當事者の責に歸すべからざる場合に限らず、債權者の責に歸すべき場合でもよい（〔一四一〕(ロ)參照）。

(ロ)滅失と毀損を含む。物理的滅失・毀損のみならず、公權力の行使（公賣・收用・沒收など）で消滅した場合を含むと解してよいであろう（前出大判昭和二・二・二五民二三六頁）。

二　債權者主義の内容

〔一四七〕(1)滅失毀損の損失は、債權者の負擔に歸する（五三四條一項）。すなわち、滅失毀損によつて債務を免れた債務者（賣主など）は、反對給付を受ける權利を失わない。但し、毀損の場合には、その毀損した物を給付すべきことはいうまでもない。

〔一四八〕(2)債務を免れて反對給付を請求することのできる債務者が、債務を免れたことによつて利益を得たときは、これを償還する義務を負うと解すべきである（五三六條二項の類推、通説・判例（前出大判昭和二・二・二五民二三六頁））。

三　停止條件附雙務契約の特則

〔一四九〕(1)特定物に關する物權の設定・移轉を目的とする雙務契約が停止條件附である場合――例えば、今年中に地方に轉勤すればこの家屋を五十萬圓で賣るという契約――については、特則がある。

（イ）停止條件の成否未定の間に目的物が滅失した場合には、第五三四條を適用しない（五三五條一項）。すなわち、第五三六條の原則に從う。從つて、滅失した後に轉勤しても、代金を請求し得ない。轉勤して後、履行前に滅失したときにだけ代金を請求し得る（今年中に轉勤しなければ、契約は效力を生じないから問題とならない）。

（ロ）停止條件の成否未定の間に毀損したときは、第五三四條を適用する。すなわち、毀損は債權者の負擔となる（五三五條二項）。從つて、毀損した後に轉勤したときは、毀損した家屋を給付して代金全額を請求し得る。

（ハ）第五三五條三項は、債務者の責に歸すべき事由によつて目的物が――停止條件の成就以前に――毀損した場合について規定する。すなわち、債權者（買主）は、條件成就の場合において、契約の履行を請求する（代金全額を支拂う義務を負う）か、一部の履行不能を理由として契約を解除するか、いずれかを選擇することができ、かつ、いずれを選擇した場合にも、損害賠償を請求し得る。然し、これは、――フランス民法（同法一一八二條四項）と同趣旨の規定だが――危險負擔の問題ではない（〔一四一〕八參照）。債務不履行の一般原則を注意したに止まる。滅失の場合にも、解除及び損害賠償の請求をなし得ることはいうまでもない（五四三條・五四五條三項參照）。

〔一五〇〕

(2)停止條件附雙務契約の條件の成否未定の間における滅失・毀損に關する第五三五條の性質については、說が分れている。停止條件の成否未定の間における滅失・毀損は、債權の原始的不能か、それとも、後發的不能か――法律行爲から生ずる債權について、原始的不能か後發的不能かを決定する標準時期は、法律行爲成立の時か、それとも、債權發生の時か――に關する說の差異から生ずる見解の相違である。原始的不能と見る說は、第五三五條は危險負擔に關する規定ではなく、原始的不能に關する規定――滅失（全部不能）に關する第一項は當然の規定（契約は效力を生じないから反對給付を請求し得ないのは當然）、毀損（一部不能）に關する第二項は、賣主の擔保責任（五六五條）の規定と同樣に、特に反對給付の全額請求を認めたもの――だとする（石坂二一一六頁、池田一〇二頁、末川一三〇頁等―但し、田島等二八一頁は條件附債權についての後發不能すなわち危險負擔の問題とする）。これに反し、後發的不能と見る說は、第五三五條は、やはり危險負擔に關する規定であり、第五三四條の適用を制限したのは、停止條件の成否未定の間は、目的物はまだ債權者の支配內に入らないからだとする。もつとも、この說によつても、滅失と毀損とを區別したことには合理的根據はなく、目的物がともかくも存在する場合にはなお第五三四條を適用しようとする趣旨だと說明することになる（鳩山一五〇頁參照）。第五三五條の解釋としては結果において差異を生じないが、第五三六條二項の適用については、差異を生ずるように思われる。例えば、興業主と劇團との停止條件附出演契約で、條件成就前に興業主の過失で劇場が燒失して出演不能となつた場合に、これを原始的不能とすれば、第五三六條二項は適用されないことになろう（條件附權利の侵害（一二八條）の問題とはなる）。然し、その點は別としても、原始的不能か後發的不能かの問題としては、後發的不能と解するのが正當と思う（〔一二一〕參照）から、後說に從う。

なお、本條とほぼ同旨のフランス民法第一一八二條についての學者の說明は興味がある。それは、つぎのような趣旨である。停止條件附賣買契約が締結された後、その引渡し前に目的物が滅失し、その後に停止條件が成就したときは、停止條件の遡及效（同法では、條件の成就は、原則として遡及效がある（一一七八條））によつて、目的物の所有權は契約締結の時から債權者（買主）に歸屬したことになるから、所有者主義の原則を貫くときは、買主は代金を支拂う債務を免れないとしなければならないはずである。然し、停止條件成就の效果の遡及效は、あくまでも一つの擬制に過ぎないのだから、危險負擔に關しては、公平の立場から、それを制限したのである。目的物の毀損の場合は、――わが民法と異なり、――債權者（買主）は、代金全額を支拂つて毀損した物の給付を受けるか、契約を解消するか、いずれかを選擇することができるものとされている（同法一一八二條三項）。從つて、そこでは右の遡及效を認めたことになるが、契約を解消する權利をも認めたから、公平に反することはない（Colin et Capitant, II, no. 148; Planiol, II, no. 505, 1）。

〔一五一〕

(3)特定物に關する物權の設定・移轉を目的とする雙務契約が解除條件附であるとき――例えば家屋を賣却し、賣主が三年內に轉勤して來れば賣買は效力を失うというとき――については、民法に規定がない。然し、解除條件附の場合には、契約は無條件に一應效力を生ずるのだから、その履行前に目的物が滅失・毀損した場合には、第五三四條が適用されることは明らかである。但し、解除條件が成就したときには、條件成就の效力に遡及效の特約がない場合でも（一二七條參照）、――契約上の債權債務は消滅するのだから――相手方は、受領した反對給付を、法律上の原因なき利得、すなわち、不當利得として返還しなければならない。しかし、以上は、解除條件に關する一般理論の適用であつて、危險負擔の理論によるのではない（通說）。

右の解除條件附雙務契約において、契約が完全に履行された後、條件成就の前に、目的物が滅失・毀損し、しかる後に條件が成就した場合――前記の例によれば、家屋の所有權移轉と引渡及び代金の授受がすべて完了し、買主が利用している間にその家屋が不可抗力で滅失・毀損し、その後に賣主が轉勤して來た場合――について、フランス學者は問題とする。けだし、同法にもその場合について特別の規定があるわけではないが、同法の下では、解除條件の遡及效により、賣主は、條件成就とともに、賣買契約成立の時に遡つて（再び）所有權を取得したものとみられるので、所有者として危險を負擔する――從つて、代金を返還しなければならない――のではないかという疑問を生ずるからである。然し、近時の學者は、一般に、つぎのように解して問題を否定する。解除條件は無條件の契約と停止條件との結合したもの――前記の例でいえば、家屋の無條件な賣買と、三年內の轉勤を停止條件とする遡及的再賣買の結合したもの――であるから（解除條件の性質に關するフランス民法學者の通說）、停止條件附賣買において條件の成否未定の間に目的物が滅失・毀損した場合（同法一一八二條）と同様に取り扱えばよい（Colin et Capitant, II, no. 148; Planiol, II, no. 505, 2）。

わが民法の解釋としては、解除條件は停止條件とは別な獨立の附款とみるべきであるから（現時の通說である（總則〔四一三〕・〔四一九〕參照）、停止條件に關する第五三五條を適用すべきでないことはいうまでもない。のみならず、雙務契約が履行された後においては、たとい解除條件が成就しても、危險負擔の問題は生ずる餘地がないというべきであろう。そして、一般的な理論によるときは、目的物が滅失した場合には、その後に條件が成就しても、契約を解消させる效力を生ぜず、毀損した場合には、契約を解消させる效果を生ずるが、對價は毀損の程度に相應するだけ、當然に縮減すると解するのが、解除條件附契約をする當事者の普通の意思に適するものと考えられる。

第三　原則としての債務者主義

〔一五二〕 **一**　適用される範圍

債務者主義の原則の適用されるのは、債權者主義の適用される場合以外のすべての雙務契約であるから、とくにその範圍を問題にする必要はない。ただ、當事者のいずれの責にも歸すべからざる事由によつて履行不能を生じた場合に限ることを注意すべきである（五三六條一項）。

（イ）債權者の責に歸すべき事由によつて履行不能を生じたときは、とくに債權者主義をとる（五三六條二項）。債務者の責に歸すべき事由によつて履行不能を生じたときは、危險負擔の問題は生じない（〔一四一〕ハ・ニ・〔一四九〕ハ參照）。

（ロ）特定物に關する物權の設定・移轉以外の事項を目的とする雙務契約にはすべて適用される。請負・賃貸借・電氣ガスなどの供給契約・勞務供給契約・債權その他物權以外の權利の賣買などがその例である。

（ハ）物に關する物權の設定・移轉を目的とする雙務契約においても、不特定物または選擇によつて定まる物を目的とする場合には、その特定前に滅失・毀損したときは、第五三六條が適用される(〔一四二〕參照)。特定物に關する場合にも、他人の所有物の讓渡・二重の讓渡(〔一四四〕參照)、停止條件附である場合の條件成就前(但し滅失だけで毀損を含まない)には、第五三六條が適用される(〔一四九〕イ・ロ參照)。

(ニ)履行の全部が不能となつた場合だけでなく、一部が不能となつた場合をも含む。

〔一五三〕 **二**　債務者主義の內容　履行不能によつて債務の全部または一部を免れた債務者は、反對給付を受ける權利を失う。すなわち、——

(イ)全部不能の場合には、反對給付を請求する權利は、當然に消滅する。もしすでに反對給付を受領したときは、返還しなければならない(商五七六條一項參照)。

(ロ)一部不能の場合に、もし、その一部不能が給付全體の價値を失わしめる性質のものであれば、反對給付を請求する權利が、全部消滅することは、いうまでもない。然し、そうでない場合には、反對給付を請求する權利は、不能となつた部分に相應するだけ當然に縮限する。もつとも、反對給付が數量的に分割し得ないものであるときには、全部を請求して、縮限すべき價格に相應する額は、不當利得として、金錢で返還すべきであろう(同旨鳩山一三四頁註八)。

(ハ)一部不能の場合に反對給付が當然縮滅することに對し、賃貸借に例外がある。すなわち、賃貸借の目的物の一部が賃借人の責に歸すべからざる事由によつて滅失したときは、賃借人はその滅失した部分の割合に應じて借賃の減額を請求することができるだけで(六一一條一項)、借賃が當然に縮限するのではない。

(ニ)なお、運送品の全部または一部がその性質または瑕疵によつて滅失した場合にも、運送人は運送賃の全額を請求することができるものとする商法の規定（商五七六条二項）は、債権者（荷送人）の責に帰すべからざる事由による履行不能について反對給付を請求する權利の存續を認める點で、危險負擔に關する民法の原則に對する例外を含む。

第四　債權者の責に歸すべき事由による履行不能

〔一五四〕 一　特定物に關する物權の設定または移轉以外の事項を目的とする雙務契約、すなわち、危險負擔に關する民法の原則を適用すべき雙務契約においても、その履行不能が債權者の責に歸すべき事由によって生じたときは、債權者主義をとり、反對給付を請求する權利は消滅しないものとされる（五三六條二項）。公平に適しかつ法律關係を簡明に決濟するからである（〔一四一〕ロ・〔一五二〕イ參照）。なお、第五三四條の適用される場合には、履行不能を生じた事由が債務者の責に歸すべからざるものである以上、債權者の責に歸すべきものであると否とを問わずに債權者主義をとるのだから、債權者の責に歸すべき事由による履行不能を特に問題とする必要のないことは、改めていうまでもあるまい。

〔一五五〕 二　第五三六條二項が適用されるのは、履行不能が債權者の責に歸すべき事由によって生じた場合である。

（イ）債權者の責に歸すべき事由とは、債務不履行について債務者の責に歸すべき事由というのと同じく、債權者の故意・過失または信義則上これと同視すべき事由と解してよい（債總〔一四五〕參照）。債權者は履行についてとくに義務を負うものではないから、過失という觀念は正確でない、と說く說もあるが、その點も、過失相殺における過失と同樣に考えてよい（債總〔一七九〕參照）。判例に現われた例としては、請負の注文者がその仕事を理由なく第三者にやらしてしまつた場合などがある（大判大正元・一二・二〇民一〇六六頁）。雇主が勞務者の就業を拒絶することも同様である（大判大正四・七・三一民一三五六頁）。なお、勞働基準法は、「使用者の責に歸すべき事由による休業」について特則を設け、「平均賃金の百分の六十以上の手當」を支拂わなければならないものと定める（同法二六條）。給料の全額としなかつたのは、勞働者が債務を免れたことによつて償還すべき利益（五三六條二項參照）を控除した殘額を支拂わしめることにし、しかもその關係を劃一的に解決しようとする趣旨かもしれない。然し、この規定によつて民法の規定が修正されたものとみるべきかどうかは、疑問である。直接には勞働法學の解決すべき問題だが、雇傭に關連して、後に、一應の考察をする（〔八四〕七）。

（ロ）債権者の受領遅滞の後に不可抗力で履行不能を生じた場合には、債権者の責に歸すべき履行の不能といい得るか。受領遅滞は、債権者の責に歸すべき事由に基づく受領拒絶または受領不能と解するから、もちろん問題を肯定すべきことになる。然るに、受領遅滞には債権者の責に歸すべき事由を必要としないとする多數説も、第五三六條二項の解釋としては、問題を肯定する。理論として一貫しないだけでなく、實際上も公平に反するように思われる（債總〔三四九〕參照）。要するに、履行の提供があるにも拘わらず受領されないでいる間に不可抗力によつて履行不能となつた場合にも、その受領されなかつたことが債権者の責に歸すべき事由に基づくときは、なお債権者の責に歸すべき履行不能であるが、そうでないときには、債権者の責に歸すべき履行不能とみるべきではないと思う。

（ハ）債権者の受領不能の責任（受領遅滞）（四一三條）を考える場合には、履行不能と受領不能とを區別する必要がある。そして、その區別の標準に關して學説が分れていることは、債権總論に述べた通りである

（債總〔三四五〕）。然し、第五三六條二項の適用に關しては、兩者を區別する必要はない。けだし、立法の趣旨は、債務者側の事情だけで履行が不能である場合と、債權者側の事情だけで受領が不能である場合とを區別せず、債權者の責に歸すべき事由によつて債務の履行を完了することができなくなつた場合には、すべて、反對給付を請求する權利を存續させようとするのだと解すべきだからである。

（二）全部不能と一部不能とに適用される。但し、一部不能の場合には、殘部を履行して反對給付の全額を請求すべきであることは、いうまでもない。

〔一五六〕 **三**　第五三六條二項の內容は、履行不能によつて債務の全部または一部を免れた者が反對給付の全額を請求する權利を有することである。但し、債務の全部または一部を免れたことによつて利益を得たときは、これを債權者に償還しなければならない（五三六條二項但書）。けだし、その利益は、不當利得となるからである。償還すべき利益は、その債務を免れたために支出しないで濟んだ利益（債務者の負擔すべき費用など）を第一とするが、必ずしもそれだけには限らない。勞務の給付を免れた債務者がその間に他の仕事をして得た利益なども、債務を免れたことと相當因果關係にあるものなら（普通の場合誰でも取得する程度のものなら）、やはり償還しなければならない（勞働基準法が問題を劃一的に解決しようとしていることにつき前段に述べたところ〔一五五〕イ參照）。

第三款　第三者のためにする契約

第一　第三者のためにする契約の意義及び作用

〔一五七〕 **一**　契約から生ずる權利を第三者（契約當事者以外の者）に直接に歸屬させる內容を有する契約を第三

者のためにする契約という。甲乙間の契約で、甲が、相手方乙に對して、その所有の家屋を移轉する債務を負い、乙が、その對價として五十萬圓を支拂う債務を直接に丙に對して負擔する場合などがその例である。甲を要約者（受約者）、乙を諾約者（約束者）、丙を受益者という。

ローマ法では、契約は、當事者以外の者に利益を與えることも不利益を與えることもできないという原則があつたので、第三者のためにする契約は認められなかつたが、その後期においては、經濟上の必要に迫られて、多少の例外を認めざるを得なかつたといわれる。フランス民法は、ローマ法に忠實な原則を揭げているが（同法一一一九條・一一六五條）、自己の負擔する債務の條件としまたは自己のなす贈與の條件とするときは、相手方をして第三者に給付する債務を負擔させることができるという廣汎な例外を設けているので（同法一一二一條）、學說判例は、これを根據として、極めて廣い範圍で、第三者のためにする契約の成立を認めている（Planiol, II, no. 630 et suiv. : Colin et Capitant, II, no. 204 et suiv.）。ドイツ民法は、普通法時代の論爭を受けて、第三者のためにする契約を無條件に認めて、詳細な規定を設けたが（同法三二八條—三三五條）、スイス債務法は、僅に一箇條で、その可能性を示しているに過ぎない（同法一一二條—直接には、同條二項だけ）。契約自由の原則によつて問題を解決すれば足るという態度であろう。わが民法もまたその可能なことを認めて、やや詳細な規定（五三七條—五三九條）を置いた。

第三者のためにする契約が有效である根據として、種々の說明がなされた。或いは、契約の成立後に、兩當事者が共同して第三者に申込をなし、第三者が承諾をするのだと說き、或いは、要約者は第三者のために事務管理ないし無權代理をするのだと說いた。然し、それは、いずれも、ローマ法の傳統を覆えすために、既存の法律概念を援用しようとした歷史的な學說であつて、今日とりたてて問題とする必要はない。今日の理論から見るときは、契約當事者の意思に基づいて效力を生ずるといつただけで充分である。契約當事者は、その契約から生ずる法律效果を、普通の場合には、自分に歸屬させようと欲するであろう。然し、特別の社會的經濟的理由から、第三者に歸屬させようとするときは、その意思表示に效果を認めても、私法的自治（契約自由）の原則からいつて、少しもさしつかえない。もちろん、第三者は、その意思に基づかずに利益を與えられることになる。從つて、その點については、第三者の地位を顧慮する必要がある。然し、それは、第三者に歸屬する法律效果を絶對的なものとするかどうかの問題であつて、契約の成立に關する問題ではない。わが民法の規定も、右の理論に從つたものと解釋すべきである。第五三七條二項は、「第三者ノ權利ハ其第三者ガ債務者ニ對シテ契約ノ利益ヲ享受スル意思ヲ表示シタル時ニ發生ス」と定める。これは、もとより、第三者の地位を顧慮した規定であつて、前記の共同申込に對する承諾の意味に解すべきものでないことはいうまでもない。

〔一五八〕 二　諾約者が第三者に對して債務を負擔するという經濟的出捐をすること――前記の例でいえば、乙が丙に對して五十萬圓の債務を負擔すること――には、實際的にみて、二重の原因關係がある。第一は、要約者と諾約者との間の關係（補償關係）（Deckungsverhältnis）である。前記の例でいえば、要約者甲がその所有の家屋を諾約者乙に移轉することである。乙が第三者丙に對して五十萬圓の債務を負擔したのは、甲のこの出捐があるからである。もつとも、この補償關係は無償でもよい。乙は甲に五十萬圓贈與するのだが、直接第三者丙に對して債務を負擔してこれに交付する、というのでもよい。第二の原因關係は、要約者と第三者との間の關係（對價關係）（Valutaverhältnis）である。要約者甲は、自己の出捐（家屋の移轉）の對價を請求する權利を、自分で取得せずに、何故に第三者丙に取得させたのか。前記の例では現われていない。然し、場合によつて種々であり得る。甲が丙に對して負擔する債務の辨濟のためであつたり、甲が丙に對して貸與する（消費貸借）ためであつたり、甲から丙に贈與するためであつたりするであろう。

第三者のためにする契約について常に存在する二つの原因關係のうち、――前記の例でおのずから明らかなように――補償關係は、第三者のためにする契約の內容となり、その欠缺・瑕疵などは、契約の效力に影響を及ぼす。それに反し、對價關係は、契約の內容とならず、從つて、その欠缺・瑕疵などは、契約の效力に影響しない（後に再說する、〔一六一〕・〔一八一〕）。

〔一五九〕 三　第三者のためにする契約の經濟的な意義は、要するに、諾約者の出捐を要約者が自分で取得して第三者に給付する手數を省略して、諾約者から直接に第三者に給付させる點に存在する。そして、この手續の省略は、複雜な經濟組織においてますます重要な意義をもつので、第三者のためにする契約は、各國において廣くその成立を認められるようになつたのである。第三者に給付するものが、現に存在する特定のものなら、右の手續の省略は、それほど重要性をもたないかもしれない。然し、それが將來の給付（債務）であり、しかも、（a）給付すべき義務が要約者の死亡後に生ずる場合――例えば生命保險（要約者を被保險者とし、第三者を受取人とする場合など）・第三者を相續人とする相續契約（下民一九四一條二項參照―わが民法では認めない）――や、（b）給付すべき者（諾約者）が、一定の施設――例えば保險會社（第三者たる被傭者を被保險者・受取人とする雇主と保險會社との間の傷害保險を考えよ）・運送會社（荷送人と運送會社との第三者たる荷受人のための運送契約を考えよ）・信託會社（第三者たる受益者のための信託を考えよ）・供託所（第三者たる債權者のための寄託契約であることを注意せよ）など――である場合や、（c）一定の財產を管理しながら給付を實現すべき場合——例えば、諸約者が不動産や營業の讓受人としてその收益の一部を第三者に給付すべき場合——などには、要約者がまず給付を受領してそれを第三者に給付することは、不可能または極めて不便である。專ら諸約者と第三者との關係として、第三者から諸約者に對して直接に請求させて問題を解決することがすこぶる適當なものであることがわかるであろう(ドイツでは、諸約者を第三者に對する債務者とすることによつてその責任を加重するために、第三者のためにする契約の成立を認める判例が激增したといわれる (Enneccerus, § 35, I, 1))。

〔一六〇〕 **四** 第三者のためにする契約は、——すでに述べたところからおのずからわかるように——賣買・贈與などに對立する特殊の契約ではない。これらの契約のうちで、その法律效果の一部を第三者に歸屬させるという特色を有するものであるに過ぎない。

その特色をさらに正確にいえば、——

(イ)第三者のためにする契約は、要約者・諸約者それぞれ自己の名においてする。要約者が第三者の代理人となるのではない(大判大正七・一・二八民五五頁は、民法施行前戸主は家族を代理する權限があつたから、家族の一員の利益のためにする契約は、代理であつて、第三者のためにする契約ではないという)。

(ロ)第三者は、諸約者に對する權利を取得する。單に利益を受けるだけではない。甲乙間で、乙が第三者丙に利益を與える契約をする場合にも、乙のそれをすることを甲に對する債務とするだけで、丙に對する債務としない、——從つて、丙は事實上利益を受けるが、乙に對する債權としてそれを請求することはできない——こともあり得る。履行の引受がその例である(債總〔八二八〕參照)。かような場合を不眞正第三者のためにする契約と呼ぶこともある。ローマ法でも、この關係は相當廣く認められたとのことである。ドイツ民法もスイス債務法もかような關係と眞正の第三者のためにする契約との區別を愼重にすべきことを注意している。然し、それは、要するに、契約の内容と慣行とによって定まることである。

(ハ)第三者の取得する權利は、債權であるのが普通だが、それには限らないと解すべきである。けだし、第三者のためにする契約は、契約當事者の一方（要約者）が契約によって取得する權利を第三者に歸屬せしめるものだが、わが民法の解釋として、賣買契約や贈與契約によって所有權の移轉をも生ずるものとなす以上、第三者に直接所有權を歸屬させることはむしろ當然であろう（後に再說する、〔一六三〕）。

第二　第三者のためにする契約の成立要件

〔一六一〕 **一**　要約者と諾約者の間に有效な契約が成立しなければならない。のみならず、それに伴う補償關係についても、必要な成立要件や效力發生要件があれば、それを備えなければならない。例えば、諾約者が要約者に對する關係で贈與をするのであれば、書類によらない場合には取り消し得る（五五〇條）。これに反し、要約者・第三者間の對價關係は、契約の成立に無關係である（〔一五八〕參照）。

二　第三者に直接に權利を取得させる趣旨が契約の內容とされなければならない（五三七條一項）。第三者のためにする契約の特質はこの點に存する。

〔一六二〕 (1)第三者に事實上利益を與えるのではなく、直接に權利を取得させる趣旨であるかどうかは、契約の解釋によって定まる（〔一六〇〕ロ參照）。

(イ)もっとも、契約の種類によっては、その趣旨が法律から直接にうかがわれる。他人のためにする保險（商六四八條・六七五條、簡保一〇條）・第三者を受取人とする郵便年金契約（郵便年金法七條）・第三者を受益者とする信託（信託法七條）・辨濟のための供託（債總〔四五五〕參照）・運送契約（商五八三條一項）などがその例である。

（ロ）行爲の性質ないし慣行から推定されるものとしては、例えば、第三者の名義で預金を開始すること、第三者の預金に拂い込むこと（大判昭和九・五・二五民八二九頁、―スイスの判例は肯定（Oser, Art. 112, Nr. 17）、ドイツでは否定説が强かつたが（Oertmann, § 330, 4）、近時肯定に傾く（Enneccerus, § 35, I, 1））、特定の人に一定の給付をなすことを内容とする負擔附贈與、などを擧げることができる。なお、判例は、甲乙間の和解契約で、甲（買主？）が第三者たる丙を係爭家屋から立ち退かせる場合には、甲において、豫め丙に適當な住居を提供すべき旨を約したときは、丙は、甲から立退を要求されたときに右の事實を主張して抗辯となし得るとして、第三者丙が甲に對して直接に權利を取得するものと判示した（大判大正九・一二・一七新聞一八二五號二三頁）。注目すべき判決である。

判例は、電報送金は第三者のためにする契約ではないというが、疑問である（大判大正一一・九・二九民五五七頁、判民八三事件（我妻）參照）。當座預金勘定契約は、振り出した小切手の所持人に銀行に對する權利を取得させるものではないとするのが判例通說である（大判昭和六・七・二〇民五六一頁、判民五九事件（鈴木）參照）。

廣い意味での債務引受（乙が甲に對して負擔する債務を丙が引き受ける）については、場合を分けなければならない。（a）いわゆる履行の引受（乙丙間の契約で、丙が履行する債務を乙に對してだけ負うとき）は、第三者のためにする契約とならないことは前に述べた通りである。これに反し、（b）重疊的債務引受が債務者間でなされるとき（乙丙間の契約で丙も甲に對して同一内容の債務を負うとき）は、常に第三者のためにする契約となる。（重疊的債務引受は、多くは債權者と新債務者との間の契約でなされる（債總〔八一九〕參照）。然し、兩債務者の間でもすることができる（大判昭和一一・七・四民一三〇四頁））。おわりに、（c）眞正の意味での債務引受が新舊兩債務者の間でなされる場合には、第三者のためにする契約と類似した關係を生ずる。然し、第三者のためにする契約は、第三者に獨立の新たな權利を與えるものであるのに對し、右の債務引受は、一方で新債務者に對する債權を與えると同時に、他方で舊債務者に對する債權を失わしめるものだから、これを第三者のためにする契約の一種とみることは正當でないであろう。ドイツ民法では、右のような債務引受は債權者の承認を條件として效力を生ずる（同法四一五條）のに反し、第三者のためにする契約は、當然に效力を生じ、第三者の拒絕によつて遡及的に消滅する（同法三二八条・三三三条）。けれども、このことは、わが民法上右のような債務引受契約の效力を否定する理由とはならないことを注意すべきである（債總〔八〇七〕參照）。

〔一六三〕　(2)第三者に取得させる權利は、債權であるのを普通とするが、それに限らない。契約によつて一方の當事者の取得し得る權利は、すべて第三者に取得させることができる（〔一六〇〕八、物權〔八二〕參照）。例えば、要約者が諾約者に五十萬圓支拂つて、諾約者の所有する特定の不動產を第三者に移轉する契約をすれば、第三者は、この契約によつて、原則として、所有權をも取得する。單に所有權を移轉させる債權を取得するだけではない（近時の通說、判例は早くからこれを認める、大判明治四一・九・二二民九〇七頁、同昭和五・一〇・二民九三〇頁）。諾約者が第三者に對して有する債權について債務の免除をする契約も、同樣に、免除の效力を生ずる（大判大正五・六・二六民一二六八頁、同昭和一六・九・三〇民一二六一頁）。

〔一六四〕　(3)第三者に權利を取得させるだけでなく、附隨的な負擔を伴うものとすることも妨げない（通說・判例（大判大正八・二・一民二四六頁—第三者が三百圓の對價を支拂つて土地を取得する例））。かような場合にも、第三者は、一括して受益の意思表示をすることができるだけであつて、負擔を拒絕して利益だけを享受することはできない。

〔一六五〕　(4)第三者は、契約當時に現存しなくともよい。胎兒や成立前の法人（大判明治三六・三・一〇民二九九頁）などのためにする契約も有效である。また、特定していなくとも、特定し得るものであればよい（大判大正七・一一・五民二一三一頁（一定の絕家の再興者のためにする契約））。但し、受益の意思を表示するときには、現存し（權利能力を有し）、特定することを要することは、いうまでもない。一定の地位にある特定した多數の者のためにする契約も有效である。但し、そのような場合には、單に事實上の利益を與えるだけで、直接に權利を取得させる趣旨でないことが多いであろう（ある村の住民全體に利益を與える旨の契約などがその例）。

第三　第三者の地位

一　第三者の取得する權利

〔一六六〕　(1)第三者の權利は、債務者（諾約者）に對して契約の利益を享受する意思を表示した時に發生する（五三七條二項）。

(イ)この意思表示（受益の意思表示）は、第三者のためにする契約における第三者の權利の發生要件と解すべきである（通說）。契約成立の要件とみるべきではない（〔一五七〕末尾參照）。のみならず、契約自體の效力發生要件と解する（鳩山一七七頁（第三者のためにする契約の主要な效力であることを理由とする））必要もない。

(ロ)受益の意思表示は、普通の意思表示と異ならない。默示の意思表示でもよい。例えば、第三者が要約者の代理人となつて第三者（すなわち自分）のためにする契約を締結したときは、特別の事情のない限り、受益の意思表示があるとみてよかろう（大判昭和一八・四・一六民二七一頁）。第三者が請求の訴を提起することは、受益の意思表示を含むことはいうまでもない（大判大正七・一一・五民二一三一頁）。

〔一六七〕　(2)第三者の受益の意思表示は、權利發生の絕對的要件であるか。いいかえれば、要約者・諾約者間の契約で、第三者は、受益の意思表示をまたずに當然に權利を取得するものと定める特約は有效であろうか。判例は否定する（大判大正五・七・五民一三三六頁（商法改正前の第三者を受取人とする保險契約に關する））が、多數說は肯定する（鳩山一八〇頁、末川一七六頁など、否定說は田島等三三一頁など）。

保險契約などにおいては、當然效力を生ずるものとする經濟的必要のあることは否定し得ないであろう。然し、利益といえども意思に反しては强いられないという趣旨を無視することは許されまい。ことに、前述のように、第三者のためにする契約は、負擔附きで權利を取得させることもできるものである(〔一六四〕參照)。第三者は、その場合でも、取得した權利を放棄する自由はある。然し、その放棄に遡及效を認めることはできない。結局、保險(商六四八條・六七五條、簡保一〇條)・郵便年金(郵便年金法七條)・信託(信託法七條)・供託(明文はないが解釋上當然(債總〔四五五〕參照))などのように、法律に別段の規定(當然に權利を取得する旨)がある場合を除いては、當事者の契約で第三者をして當然に權利を取得させることは許されないと解する判例・少數說が妥當であると思う(但し、債務免除のように受益者(債務者)の意思を顧慮しないものは例外とすべきであろう)。ドイツ民法は、一方、第三者の權利は、當然に生ずるものとし、他方、第三者の拒絶によつて遡及的に權利は消滅するものと定める(同法三二八條・三三三條―契約でこの拒絶權を失わしめることは、もとより許されない)。立法として妥當なものであるが、わが民法の解釋で同樣の趣旨を認めることはできないであろう。

〔一六八〕　(3)受益の意思表示をなし得る第三者の地位は、一種の形成權である。

(イ)權利者の意思を尊重すべきものであることを理由として、一身專屬權であるとなし、相續や債權者代位權の目的とならないとする說が多い(末川一七九頁(兩者につき)、田島等(代位權についてだけ))。然し、財產的色彩の强いものであるから、相續はもとより(相續人の意思を尊重すれば足る)、債權者代位權についても(資產の不充分な者について、債權者を害してまで個人的意思を尊重すべきではない)、ともに肯定してよいと思う(大判昭和一六・九・三〇民一二三三頁は代位權につき肯定、この評釋四宮(判民七八事件)も反對)。

(ロ)なお、形成權であるが、その消滅時效期間を十年とすることについては、ほとんど異說がない(大判大正六・二・一四民五二頁、總則〔四九九〕ロ參照)。時效期間の起算點は、――權利に始期または條件のない限り――契約成立の時である（大判昭和一八・四・一六民二七一頁）。

（ハ）この形成權は、契約當事者の合意でその內容を變更しまたは消滅させることができる（五三八條の反對解釋）。第三者の權利は、かように弱いものとして成立する趣旨である。

〔一六九〕

(4) 第三者の取得する權利の內容は、——

（イ）契約によって定まることはいうまでもない（〔一六三〕參照）。

（ロ）第三者が受益の意思表示をした後は、契約當事者がこれを變更したり消滅したりさせることはできない（五三八條）。もとより當然のことであって、むしろ、受益の意思表示をする前は變更したり消滅させたりすることができるという點に意味がある（〔一六八〕參照）。

（ハ）第三者の權利に對し、債務者（諾約者）は、その權利を生じさせた契約に基因する抗辯をもって對抗することができる（五三九條）。第三者の權利は、この契約から生じたものだからである。契約に基因する抗辯とは、權利の行使を妨げる一切の事實で第三者のためにする契約から生じたものである。同時履行の抗辯權（諾約者が買主となって代金を第三者に給付する場合など）、契約の無效・取消（要約者に對して取消をなし、その結果として權利の消滅を主張すべきである）・解除（賣主たる要約者の債務不履行を理由として買主たる諾約者が解除することに何等の支障もない）の效果の主張などがその主要な例であろう。これらのうち、無效・取消の效果を善意の第三者に對抗し得ない場合（九四條二項・九六條三項）にも、第三者のためにする契約によって權利を取得する第三者は、善意惡意を問わずに對抗される。けだし、第三者の權利は、その契約から直接に生じたものである——いいかえれば、第三者は、無效または取り消された行爲の外形を信じて新たな利害關係を取得した者ではない——からである（總則〔三二八〕2參照）。この理は、解除の場合にも同樣である（五四五條一項但書で解除の效果が制限されるのではない）。

（ニ）債務者（諾約者）が第三者に對する人的な抗辯權（例えば相殺）を主張し得ることは、いうまでもない。

〔一七〇〕

二　契約に對する第三者の地位

(1)第三者は、契約の當事者ではない。從つて、――

（イ）解除權（諾約者が債務を履行しないとき、但し要約者の解除につき後の〔一八〇〕參照）や取消權（要約者の無能力、諾約者の詐欺强迫などを理由として）は取得しない。

（ロ）法律行爲の相手方の善意・惡意、過失・無過失などが問題とされるとき（一一〇條・一一二條・一一七條・五六一條―五七〇條など）には、專ら要約者について問題とすべきである。例えば、他人の物の賣買において、要約者がその物の賣主（諾約者）に屬さないことを知つていたときは、第三者は、善意でも、損害賠償を請求することはできない（五六二條二項參照（大判大正一四・七・一〇民六二三頁））。

（ハ）意思の欠缺や詐欺・强迫の有無についても、專ら要約者と諾約者について考うべきである。やや問題となるのは、第三者（受益者）が諾約者を欺いた場合に、第三者の詐欺（要約者の惡意の場合にのみ取り消せる（九六條二項））とすべきか、相手方の詐欺とすべきかである。第三者が權利を取得することは、第三者のためにする契約の效果の主要なものではあるが、その全部ではない。要約者も權利義務を取得する。從つて、これを保護する必要があるから、相手方の詐欺とすべきではなく、第三者の詐欺――要約者の惡意の場合にのみ取り消し得る――とすべきである（通說）。受益者が諾約者を欺く場合は、代理關係における本人が相手方を欺く場合に似ている。然し、代理の本人が相手方を欺いたときには、受益者の場合とは反對に、相手方の詐欺とみるべきである。けだし、本人は代理行爲から生ずるすべての效果の歸屬者だからである。そして、そうだとすると、さらに強い理由で、第三者（受益者）が要約者を欺いた場合にも、第三者の詐欺——諾約者の悪意の場合にのみ取り消し得る——とすべきである。また、受益者以外の第三者が要約者または諾約者を欺いた場合には、専ら要約者または諾約者についてのみ、その善意悪意を定むべきである。

〔一七一〕 (2)然し、第三者の權利は、契約から直接に生じたものであるために、第三者保護の規定の適用に當つては、第三者とされず、あたかも契約當事者と同樣の取扱を受けることは、前述の通りである（〔一六九〕八）。

第四　要約者の地位

一　第三者の權利に關して要約者の有する權利

〔一七二〕 (1)要約者は、諾約者に對して、第三者に對する債務を履行すべき旨を請求する權利を有するのを原則とする（通説）。元來、第三者に利益を與える契約は、要約者が諾約者に對して、第三者に事實上利益を與えるように請求する權利を取得するだけのもの（不眞正第三者のためにする契約）であつたのが、後に、第三者もまた直接にこれを請求する權利を取得するものとされるようになつたものである（〔一五七〕參照）。然し、そう認められるようになつても、要約者は、別段の事情がない限り、依然として、第三者と並んで、右の權利を保有するものとなすことが、當事者の意思に適する。ドイツ民法第三三五條はその趣旨を推定する。スイス債務法の解釋も同一である（Oser, Art. 112, Nr. 7）。

(2)第三者の權利と要約者の右の權利との關係には、問題の點が少なくない。

〔一七三〕 (イ)いわゆる連帶債權（債總〔六二〕六〕參照）に類似する點もあるが、給付の内容が異なるから、連帶債權ではない。兩者の關係は、契約の趣旨に從つて解決しなければならない。

〔一七四〕（ロ）第三者が受益の意思表示をする以前にも、要約者の權利は存在する。從つて、諾約者は、履行の提供をしない場合には、要約者に對して遲滯の責任を負わねばならない（通説・判例（大判大正三・四・二二民三一三頁））。

〔一七五〕（ハ）第三者が單に受益の意思表示をすることを拒絶しただけでは、諾約者の債務は、その責に歸すべからざる事由によつて履行不能となつたとはいえない。事實上も受領しないことが確定したときに、はじめて履行不能となる。然し、その場合にも、契約自體が效力を失うと即斷することはできない。契約の趣旨によつては、要約者が別の第三者を指定し（保險契約ではその趣旨が明らかにされている（商六七五條、簡保三八條參照））または、自分に履行すべきことを請求する權利を保有する場合（第三者に給付することが二次的な意味しかない場合など）も稀ではないことを注意すべきである（通説）。

〔一七六〕（ニ）もつとも、第三者が受益の意思表示をした後は、第三者の不受領は受領遲滯となつて、諾約者の責任を——要約者に對する關係においても——輕減する。

〔一七七〕（ホ）第三者が受益の意思表示した後に、諾約者の債務不履行があるときは、第三者が損害賠償の請求權を有することは、疑いないが、要約者も、自分に對して損害賠償を請求することができるか。否定説が多い（鳩山一九〇頁、末川一八六頁など）。本來の給付義務以上の義務を負擔させるべきではないという理由である。然し、要約者が、第三者に履行されることについて特別の利益を有するときは、それについて（もとより相當因果關係の範圍内で）獨立別箇の損害賠償請求權を取得するものと解するのが正當であろう（同旨、石坂二二五頁、田島等三四一頁など）。

〔一七八〕（ヘ）諾約者が履行すれば、要約者の權利も消滅し（目的を達する）、諾約者の責に歸すべからざる事由によつて履行不能となるときは、要約者の權利も消滅する（目的は消滅する）ことは疑いない。

二　要約者の契約上の地位

〔一七九〕 (1)要約者は、第三者のためにする契約の當事者として、諾約者に對して、補償關係上の債務を負擔するときは、それを履行すべきことは當然である。この債務が諾約者の第三者に對する債務と對價關係に立つものであるときは、諾約者が同時履行の抗辯權を有することもすでに述べた通りである(〔一六九〕(八))。

〔一八〇〕 (2)要約者は、契約の當事者として、その契約から生ずる取消權(要約者が無能力者であったり、詐欺强迫を受けたときなど)や解除權(諾約者の債務不履行を理由とする)を取得し、諾約者の相手方として、善意・悪意、過失の有無などを決定する標準となることもすでに述べた通りである(〔一七〇〕)。もっとも、このうち、解除權の行使については解釋が分れている。第三者が受益の意思を表示した後は、その承諾を要するとする說がむしろ多い(鳩山一九一頁註四、末川一八六頁(但し要約者も給付の一部を請求する債權を有するときは解除し得るという)など)。第三者が受益の意思を表示した後は、要約者はその權利を消滅させることができないこと(五三八條)を理由とする(債務不履行に基づく損害賠償請求權は本來の給付請求權と同一性を有する)。然し、第五三八條には、契約當事者の合意で任意に消滅させることができないという以上の意味があるとは思われない。それよりも、要約者は、給付を請求する權利を有しなくとも、債務を負擔するものであるから、諾約者の債務不履行の場合に、契約を解除して自己の債務を免れようとするのを禁ずるのは、正當ではあるまい。當事者の普通の意思からいっても、第三者に直接權利を取得させる場合でも、第三者にそこまで獨立の權利を與えようとする意思があるとは考えられない。むしろ、第三者の權利は、契約から生ずるものとして、契約解除の運命に従うと解するのが妥當であろう(同旨田島等三三八頁)。

〔一八一〕 三 要約者と第三者との關係

すでに述べたように、要約者が諾約者をして第三者に給付させるのは、要約者と第三者との間に、對價關係があるからである（〔一五八〕）。然し、この關係は、契約の内容とはならない。從つて、それが缺けておつても、第三者のためにする契約は有效に成立する。例えば、諾約者をして第三者に五十萬圓給付させたのは、要約者が第三者に對して負擔する債務の辨濟に充てるつもりであるのに、その債務が存在しなかつたり、消費貸借または贈與のためであるのに、それらの契約が無效である場合などにも、第三者は、諾約者に對して、債權を取得する。然し、第三者のこの利得は、要約者に對する關係では、法律上の原因を缺くことになるから、第三者は、これを不當利得として、要約者に返還しなければならない。

〔一八二〕

第五　諾約者の地位

諾約者の地位は、すでに述べた第三者及び要約者の地位の反面をなすものであつて、それ以外に問題とすべきものはない。約言すれば、諾約者は、要約者とともに契約の當事者であり、ただその契約から生ずる債務を、——普通なら契約の相手方（要約者）に對して履行するのを、とくに——第三者に對して履行する義務を負うだけである。すなわち、**（イ）**その契約の無效・取消・解除などの事由は、すべて要約者との關係において決定される。そして、その結果を第三者に對して主張することができる（五三九條〔一六九〕ハ參照）。また、**（ロ）**第三者に對する債務の履行は、契約から生ずる債務の履行に他ならないのだから、その履行・不履行・不受領などは、契約當事者たる要約者に對しても影響を及ぼす（〔一七六〕・〔一七八〕・〔一八〇〕參照）。**（ハ）**普通の場合と違うところは、第三者に履行することについて、要約者に對しても債務を負う點である。然し、この附帶的な債務は、諾約者がとくに第三者に對して履行することを合意した結果であるから、そのために、普通の場合より多少重い責任を負うことになつても止むを得ない。例えば、第三者が利益を受けるように努力しなければならないこと(〔一七四〕・〔一七五〕參照)、債務不履行については、要約者に對しても損害賠償債務を負わねばならない場合があること(〔一七七〕參照)などがその例である。おわりに、(二)第三者に對して負擔した債務を履行するに當つて、第三者個人に對する抗辯權(例えば相殺)を行使し得ることは、普通の債務者の地位と同様である(〔一六九〕(二)參照)。

第四節　契約の解除

第一款　序　説

第一　解除の意義及び作用

〔一八三〕 一　契約の解除とは、契約が締結された後に、その一方の當事者の意思表示によつて、契約關係を遡及的に解消し、まだ履行されていない債務は履行する必要がないものとし、すでに履行されたものがあるときには、お互に返還することにして、法律關係を清算することである。

一方の當事者だけで、相手方の承諾なしに、契約を解消するのだから、解除する者は、それをするだけの權利(解除權)を有する場合でなければならない。そして、當事者が解除權を有するのは、契約によつて解除權を留保した場合(約定解除權)と、法律の規定によつて取得する場合(法定解除權)とである。もつとも、前者(約定解除權)には、當事者が明瞭に解除權を保留しない場合でも、法律によつて解除權を保留したものとされる場合がある。手附の授受(五五七條參照)、不動産の買戻の特約(五七九條以下參照)などがその例である。また、後者（法定解除權）には、各種の契約に特殊なもの（例えば、五六一條—五六八條・五七〇條（賣買）、六三五條・六三七條（請負）など）と、一般の契約に共通なもの、すなわち、債務不履行を理由とするもの（五四一條—五四三條）とがある。そして、ここに取り扱うのは、一般的な約定解除と、一般的な法定解除とである。

〔一八四〕　**二**　民法は、一般的な約定解除と一般的な法定解除とを一緒にして、第五四〇條ないし第五四八條に、相當詳細な規定を設けている。このうち、法定解除權の發生に關する三箇條（五四一條—五四三條）を除く他の規定、すなわち、解除の方法（五四〇條・五四四條）、解除の效果（五四五條・五四六條）、解除權の特殊の消滅原因（五四七條・五四八條）などを定める規定は、法定解除と約定解除の兩者に共通のものである。

他の立法例は、これと異なる。

（**イ**）ドイツ民法は、解除（Rücktritt）という節（同法三四六條—三六一條）を設けて、專ら約定解除について詳細な規定をし、債務不履行を理由とする法定解除については、解除權の發生原因を定めるだけで（同法三二五條・三二六條）、解除の效果や解除權の消滅については、約定解除の規定を準用する（同法三二七條で三四六條—三五六條を準用）。ドイツ普通法時代には、解除に關する一般的な制度がなく、ドイツ民法制定の際に、これを統一的な制度として約定解除の節を設けたものであるが、その中には、主として法定解除について認められていた規定も入っているとのことである（Oertmann, Vorb. zu §§ 346—367）。

（**ロ**）スイス債務法は、これに反し、債務不履行を理由とする法定解除（Rücktritt, résiliation）について規定するだけで、約定解除に關する規定はない。しかも、右の法定解除についても、「債務不履行の效果」の節（同法九七條—一〇九條）の中の三箇條（一〇七條—一〇九條）をこれにあてて、要件と效果とを簡單に規定するに過ぎない。

約定解除は、契約自由の原則に放置すれば足りるという趣旨であろうと思われる。もつとも、手附の授受は約定解除權の留保である旨の規定などはある（同法一五八條參照）。

（ハ）フランス民法は、條件附債務（des obligations conditionelles）という考え方で規定する。すなわち、解除條件（condition résolutoire）の項（同法一一八三條・一一八四條）に、解除條件附の契約は條件の成就によつて遡及的に效力を失つて、兩當事者はすでに給付したものを返還する債務を負うことを定め（同法一一八三條）、ついで、雙務契約には、一方の當事者が債務を履行しないときは契約は解消されるという、默示の解除條件（condition résolutoire tacite）が含まれているものとみなし、ただその解消の效果は、他方の當事者の裁判上の請求によつて生ずるものとする（同法一一八四條）。從つて、――解除條件は、條件が成就すれば當事者の意思表示をまたずに當然に效力を生ずるもので、その點で解除とは別箇の觀念だとすることが、ドイツ民法、スイス債務法及びわが民法の立場であるが（〔二〇〇〕參照）、フランス民法は、その點を無視しているのだから、――同法の裁判による解除條件（condition résolutoire par jugement）は、他の立法例の法定解除に相當することになる。もつとも、近時の學者は、民法のかような考え方を正當でないとして、解除の訴（action en résolution）と呼ぼうとしている（Planiol, II, no. 509）。

なお、同法の下においても、特約によつて、解除條件を附ける以外に、解除權を保留すること、――すなわち、契約が當然に解消するのではなく、當事者の意思表示によつて解消するものと特約すること――もできることは、契約自由の原則からいつて、當然のことであろう（Colin et Capitant, II. No. 248）。

以上の立法例のいずれが優れているかは、にわかに斷定することはできない。フランス民法の態度は、今日の法律理論に適さないことは明らかであろう（同法が法律行爲の通則と契約の通則とを區別しないことが根本的の問題である）。ドイツ民法の、約定解除を主體とする態度は、實際には法定解除が一層重要な作用を有することを考えると、必ずしも適切ではない。スイス債務法の態度が、――後に述べるようにその規定の内容もドイツ民法に一歩を進めているように思われるのだが、――結局、最も要領を得ているように考えられる。然し、それは別として、各國の規定を民法の解釋の參考とするに當つては、それぞれの法典の態度の差に注意することが必要である。

〔一八五〕　三　債務不履行を理由とする法定解除は、實際上大きな作用を營んでいる。

(1) 最も常識的な例を擧げてその作用を檢討しよう。甲が乙に一定量の鐵材を五十萬圓で賣る契約をした。――

〔一八六〕　(イ) 鐵材の値段が下落して、四十萬圓くらいで買えるようになつたので、買主乙は、代金と引き換えに鐵材を引き取ることを澁つているとしよう。賣主甲は、もちろん、强制執行の手段に訴えて、買主乙から五十萬圓と遲延利息を請求することはできる。然し、そうするためには、鐵材を乙に引き渡さねばならない。これは、――提供するだけで充分ではあるが、――實際上相當厄介なことである。それよりも、賣買契約を解除して、鐵材を引き渡す債務を免れ、その上に、現在の鐵材の値段四十萬圓と乙の支拂うべき五十萬圓プラス遲延利息との差額十萬圓餘を損害賠償――債務を免れてもなお償われない損害の賠償――として、乙から請求する（そして、おそらく、鐵材を四十萬圓で他に賣却する）方が得策だと考えられることが多いであろう。解除は、かような場合、――債權者が相手方に對して金錢債務以外の債務を負擔し、その債務をまだ履行していない場合、――に最もその效果を發揮する。

〔一八七〕（ロ）これに反し、甲がすでに鐵材を乙に引き渡した場合には、甲は、乙に對して、代金と遲延利息を請求するだけで充分であつて、契約を解除してすでに引き渡した鐵材の返還を請求する必要は、必ずしも多くないかもしれない。然し、その場合でも、甲は、鐵材の返還を請求し（おそらく、これを他に四十萬圓で賣り）、それによつて損害を輕減し、その上で、右の十萬圓餘を損害賠償――目的物の返還を受けてもなお償われない損害の賠償――として、乙から請求する方が得策だと考えることもあるであろう。賣買の目的物が鐵材のような代替物でなく、特定の不動產である場合などには、とくにそうであろう。だから、賣主甲がすでに履行した場合、――債權者が相手方に對して金錢債務以外の債務を負擔し、その債務をすでに履行した場合、――にも、甲が契約を解除する權利をもつことは、やはり意味があるといわなければならない。

〔一八八〕（ハ）例を變えて、鐵材の値段が騰貴して、いま賣れば六十萬圓位に賣れるので、買主乙が代金と引き換えに鐵材を引き渡せと催促するにもかかわらず、賣主甲は鐵材を引き渡さないとしよう。乙は、强制執行の手段に訴えて、鐵材と遲滯による損害の賠償を請求することはできる。乙は、むろん代金を支拂わねばならないが、そのことは、――前の例の鐵材を引き取らせることに比較すると――それほど困難なことではない。だから、目的物が特定の不動產であるような場合には、乙は、その目的物を取得する（あくまでも本來の履行を請求する）ことを希望する場合が多いであろう。そのような場合には、解除は、それほど大きな意味をもたない。然し、かような場合にも、乙は、履行をしない甲から目的物を請求することをあきらめて、契約を解除して金錢賠償で關係を清算する方が得策だと考えることもないではあるまい。ことに、目的物が鐵材のような代替物である場合には、甲から取得することをあきらめて（そして、おそらく、他から六十萬圓で購入して）、その上で、鐵材に代る損害賠償額（鐵材の時價）プラス遲延賠償額と代金との差額十萬圓餘を損害賠償――債務を免れてもなお償われない損害の賠償――として、甲から請求することを得策だと考えることは、決して稀ではあるまい。從つて、買主がまだ代金を支拂つていない場合、――債權者が相手方に對して金錢債務を負擔し、その債務をまだ履行していない場合、――に買主が解除權を取得するということにも、充分な存在理由がある。

〔一八九〕（ニ）さらに、買主乙が、鐵材の代金をすでに支拂つた場合には、賣主甲に對して鐵材を請求するためには、自分の債務を提供する必要もないから、本來の給付を請求する手段に訴えることがますます多くなるかもしれない。然し、かような場合にも、乙が鐵材（本來の給付）を甲から取得することをあきらめて、金錢賠償で清算する方を得策と考えることも決して稀ではあるまい。さような場合には、乙は、契約を解除して、自分の支拂つた代金の返還を請求し、さらに、鐵材に代る損害賠償（鐵材の時價）プラス遲延賠償と、支拂つた代金の差額十萬圓餘を損害賠償――支拂つた金額の返還を受けてもなお償われない損害の賠償――として、甲から請求するのが適當なことになる。だから、買主が代金を支拂つた場合、――債權者が相手方に對して金錢債務を負擔し、その債務をすでに履行した場合、――に買主が解除權を取得するということにも、代金を支拂わない場合と同樣に存在理由があるといわねばならない。

〔一九〇〕（ホ）解除は、債務者の責に歸すべき事由による履行不能の場合にも、これをすることができる。然し、賣買についていえば、履行不能は、賣主の債務について生ずるだけだから、解除權を取得するのは、買主に限る。ところが、買主は、――いかに目的物の履行を望んでも、それは不可能となつたのだから、――目的物に代る損害賠償を請求することができるだけである。従つて、この場合には、契約を解除して代金債務を免れた上で、――或いはすでに支拂つた代金の返還を受けた上で、――差し引き殘る損害の賠償を請求するといつても、契約を解除せずに塡補賠償を請求し、自分の代金債務と相殺して、差額を請求する、――代金をすでに支拂つた場合には、塡補賠償額の全額を請求する、――といつても、別段違つた結果を生じない。履行不能を理由とする賣買の解除がそれほど大きな意味をもたないのは、右の理由による。もつとも、交換契約などのように、債權者も相手方に對して金錢以外のものを給付する債務を負擔している場合には、相手方の履行不能による解除が大きな意味をもつことはいうまでもない。

〔一九一〕

(2) 以上に述べたことは、常識的な結論であつて、相手が履行をしなければ解除をする、といつても、その要件や方法はなお正確に考えねばならない。のみならず、解除した上でなお殘る損害の賠償を請求する、といつたことについても、その理論構成や賠償額の範圍に關して、困難な問題がある。然し、それらは、後に述べることにして、わが民法の法定解除の效果として注意すべき點は二つある。一つは、解除した者は、自己の債務を免れることであり、他の一つは、解除をした上に損害賠償を請求し得ることである。

ところが、前者(解除をした者は自分の債務を免れるということ)は、解除の本質的な特色であつて、ドイツ民法、スイス債務法、フランス民法のいずれの解除にも共通した效果である。これに反し、後者

（解除をした者は、さらに損害賠償の請求もできるということ）は、解除の本質的な效果ではない。各國の立法例もわかれている。解除をした者は、ドイツ民法では、損害賠償を請求することはできない。スイス債務法では、消極的契約利益（信頼利益）だけの賠償請求ができる。フランス民法だけは、わが民法と同様に、履行利益の賠償請求を認める。このことは、わが民法第五四五條の解釋について他の立法例に關する學説を參考とする際に、最も注意を要する點である。

〔一九二〕

(3)ドイツ民法の規定の大綱を示せば、同法は、まず履行不能について規定し、履行遲滯については、催告期限の徒過によって履行不能を生ずるという考え方をしている。

(イ)債務者の責に歸すべき事由による履行不能を生じたときは、債權者は、三つの權利を取得する（同法三二五條）。一は、「不履行による損害賠償」（Schadenersatz wegen Nichterfüllung）を請求する權利、二は、解除する權利、三は、相手方の債務に代るもの（Ersatz）を請求する權利（代償請求權（債總〔二〇九〕參照））である（同法三二五條）。そして、最後の權利（代償請求權）を行使した場合には、自分の負擔する債務を――一定の條件の下に輕減されるけれども――履行すべきことはいうまでもない（同法三二三條參照）。つぎに、第二の權利（解除權）を行使した場合には、自分の債務を履行する義務がなくなる。すなわち、――その理論構成については、いわゆる直接效果説・間接效果説・折衷説の爭いがあるが、とにかく、結論として、――いまだ履行しないものについては履行する義務を免れ、すでに履行したものについては、その返還を請求することができる。然し、いかなる範圍においても、損害賠償を請求することができないことについては、學説は一致している（Oertmann, § 325, 1 a; Enneccerus, § 53 V）。おわりに、第一の權利（不履行による損害賠償の請求權）

を行使したときに、債権者が自分の債務を履行する義務を免れるかどうかは、この點に關する交換說(Austauschtheorie)・差額說(Differenztheorie)・折衷說のいずれに從うかによつて異なる。すなわち、交換說によれば、常にその義務を免れないで、相手方に對する塡補賠償請求權と自分の債務とが併存することになる。これに反し、差額說によれば、常に免れ(從つて、すでに給付したものは返還を請求することができ)、塡補賠償額と自分の債務の價格との差額を請求する一箇の請求權を取得する。また、折衷說によれば、自分の債務を未だ履行しないときは、これを履行する義務を免れて、塡補賠償との差額だけを請求する權利を取得するが、すでに履行したときは、その返還を請求する權利を有せず、單に塡補賠償を請求する權利を取得する。もつとも、以上は、私の理解するところに從つて大綱を述べたものであつて、三說のそれぞれに屬する學者の說も一致しているわけではなく、ことに折衷說の內容は區々に分れている。そして、今日まで、なお、どれを通說とすべきか識別が困難なようである(Oertmann, § 325, 1 b(交換說); Enneccerus, § 53, IV(折衷說))。然し、この問題は、履行不能に關する限り、それほど重要性をもたない(〔一九〇〕參照)。つぎの履行遲滯について大きな問題となる。

〔一九三〕 (ロ)つぎに、債務者の責に歸すべき事由による履行遲滯があるときは、——本來の給付と遲延賠償とを請求することができることは、もとよりいうまでもないが(同法二八六條參照)、さらに、——債權者は、相當の期間を定め、かつ、その期間が徒過されたときは本來の給付の受領を拒否する旨を明らかにして、催告をすることができる。そして、その期間が徒過された後には、——あたかも本來の給付が履行不能となつたと同樣に、——債權者は、不履行による損害の賠償を請求するかまたは解除をするか、いずれかを選ぶ權利を取得する。のみならず、本來の給付を請求することは、もはやできなくなる（同法三二六條）。

右のドイツ民法の規定を前に擧げた鐵材の賣買の例にあてはめて、わが民法による效果と比較してみると、第一に、債務者の履行遲滯を生じても債權者（買主）が本來の給付と遲滯による損害の賠償を請求し得る（但し自分の債務は免れない）ことには變りはない。ただ、催告（催告の内容は異なるが、その點は問わないことにする〔一二六〕參照）をして、その期間が徒過された後には、――わが民法では解除權を放棄し得るのだが（〔一四二〕・〔二二七〕c參照）、――本來の給付を請求し得なくなる點が異なる（ドイツ民法のこの窮屈な態度は、スイス債務法では改められている（後の〔一九五〕參照））。

第二に、催告した後に、解除をすれば、ドイツ民法では損害賠償の請求ができない。自分の債務を免れるだけである。すなわち、賣主が解除する場合に、鐵材をまだ引き渡していないとき（〔一八六〕の場合）には、引き渡す債務を免れ、すでに引き渡したとき（〔一八七〕の場合）には、その返還を請求し得る。買主が解除する場合にも同様である（〔一八八〕・〔一八九〕の兩場合を考えよ）。然し、それ以上損害の賠償を請求することはできない。この點は、わが民法と大いに異なる。

然し、第三に、解除をせずに、不履行による損害の賠償を請求するときには、わが民法の解除と近似した結果となるように思われる。もつとも、交換說によるときは、まだ履行しない自分の債務も免れないのだから、目的物をまだ引き渡さない賣主が損害賠償を請求する場合（〔一八六〕の場合）には、鐵材を引き渡さねばならないことになり、――わが民法では解除が最も效果を發揮すると考えられる場合に――大いに違つた結果となる。（もつとも、この說によつても、まだ代金を支拂わない買主が塡補賠償を請求する場合（〔一八八〕の場合）には、自分の代金債務と塡補賠償請求權とを相殺するから、とりたてていうほどの差異を生じない)。然し、折衷説によるときは、賣主が損害賠償を請求する場合でも、まだ履行していないとき(〔一八六〕の場合)は、鐵材を引き渡す義務を免れるから、わが民法と同様の結果となる。そして、さらに、差額説によるときは、すでに鐵材を引き渡した賣主が損害賠償を請求する場合(〔一八七〕の場合)にも、わが民法とほとんど同一の結果となる。けだし、この説によれば、すでに履行した鐵材の返還請求權をも認むべきはずだからである(もつとも、差額説をとるドイツの判例もここまで徹底していないともいわれている)。

〔一九四〕 (八)以上に述べたドイツ民法の解釋が大綱において誤りがないとすると、同法とわが民法の間にある實際上の最も重要な差異は、つぎの點に歸着するであろう。すなわち、履行遲滯にある債務者に對する債權者が、相手方に對して金錢以外のものを給付する債務を負擔する場合に、すでに給付したものの返還を請求した上で、さらに、それによつて償われない損害の賠償を請求するという權利は、結局において認められないことになる(差額説を徹底すれば、認めることになるはずだが、それは極めて少數説である。折衷説もこれは認めない)。もし、そうだとすると、立法論として、果して妥當であるかどうか、甚だ疑問である。なるほど、取引關係を敏速簡明に決濟するためには、すでに給付したものの返還請求を認めずに、損害賠償だけで濟ます方が妥當かもしれない。然し、當事者がとくに返還請求をして、それによつて幾分でも損害を輕減しようとする場合にも、それを認めない、——それを欲するなら解除をせよ、但しそれ以上に損害賠償を請求することは許さない——とする必要が果してあるのであろうか。理解することができない。要するに、わが民法の態度の方が妥當なように思われる。

〔一九五〕 (4)スイス債務法は履行遲滯について規定する。

（イ）雙務契約の債務者が履行遲滯にあるときは、債權者は、相當の期間を定めて履行を催告（ドイツ民法のように、期限後には受領を拒否する旨を示さない（〔一九三〕參照））することができる。そして、債務者が期限を徒過したときには、債權者は、三つの權利をもつ。第一には、なお、本來の給付と遲滯による損害の賠償とを請求することができる（ドイツ民法と異なる點を注意せよ）。然し、催告期間が徒過された後に遲滯なくその旨を表示することを條件として、第二に、本來の給付を拒否して、不履行による損害の賠償（Ersatz des aus der Nichterfüllung entstandenen Schadens）を請求するか、または、第三に、解除をすることができる（同法一〇七條）。そして、解除をした場合には、まだ履行しない債務を免れ、すでに給付したものはその返還を請求し得るだけでなく、さらに、消極的契約利益の賠償（Ersatz des aus dem Dahinfallen des Vertrages）を請求することができる（同法一〇九條）。

なお、同法は、催告を必要としない例外的な場合を明示しているが（同法一〇八條）、その中に、定期行爲と、遲滯によつて給付が無價値となる場合の他に、債務者の態度によつて催告が徒勞に終ることが明らかな場合を加えていることは、わが民法の解釋としても參考となる注目すべき點である。

また、スイス債務法は、債務者の責に歸すべき事由による履行不能については、塡補賠償をする義務があることを定める（同法九七條）だけで、これを理由とする解除については、とくに規定を設けていない。買主側から解除をするということの實益に乏しいことによるものであろうと思われる（〔一九〇〕參照）。

右のスイス債務法の規定を前に擧げた鐵材の賣買の例にあてはめて、わが民法による效果と比較してみると、第一に、債權者（買主）は、催告期間が徒過された後においても、なお本來の給付（鐵材の引渡）と遲延賠償を請求し得る點（右の第一の權利）は、――ドイツ民法と異なり――わが民法と全く同一である。ただ、同法の下では、催告期間が徒過された後に、本來の給付を受領せずに、塡補賠償の請求（右の第二の權利）または解除（右の第三の權利）のいずれかを選ぶためには、遲滯なく、本來の給付の受領を拒否する旨を表示しなければならない（そうでなければ解除權も消滅する）點を異にする。

第二に、解除をすれば、自分の債務を免れる、——すなわち、賣主が鐵材を引き渡す前ならその引渡債務を免れ、引き渡した後なら、その返還を請求し得る——だけでなく、消極的契約利益の賠償を請求することができる。然し、それだけでは償われない損害（履行に代る損害）の賠償を請求することはできない。この點は、——ドイツ民法と比較すると、債權者（解除する者）の立場はいく分有利になるが、——わが民法と大いに異なる。

第三に、解除をせずに不履行による損害の賠償を請求する場合には、自分の債務は免れない、——すなわち賣主がまだ鐵材を引き渡していない場合にも、必ずそれを引き渡さなければならない——と解されている。從つて、この點では、わが民法との間には、ドイツ民法の交換說（〔一九二〕—〔一九四〕參照）と同樣の大きな差異を生ずる。もつとも、同法の解釋としても、同法第一〇七條の「不履行による損害の賠償」という字句については、ドイツ民法におけると同樣に、差額說ないし折衷說を生ずる餘地がありそうに思われる。然し、學者は、一般に、その餘地がないといつている。けだし、同法の下でも、商事賣買においては、不履行による損害と自分のなすべき反對給付との差額を請求すること、——いいかえれば、解除をしてその上に履行利益の賠償を請求すること——を認めている（同法一九一條・二一五條など）のだから、それ以外の場合に同樣の結果を認める餘地がない。例えば、不動產の賣主は、買主が（値段が下落したために）代金を支拂わない場合でも、これを他に（廉く）賣却して（解除）、さらに約定代金との差額の賠償（履行利益の賠償）を請求することは許されない、とするのが判例通説なのである（Oser, Art. 107, Nr. 23, 37）。

〔一九六〕（ロ）スイス債務法が、催告の後にも本來の給付を請求する權利を失わない旨を定め、かつ、――判例の明らかにしたところに從つて（Oser, Art. 108, Nr. 1, 3）、――催告が徒勞に終ることの明らかな場合には催告不要と明示したことは、極めて妥當である。また、解除の場合に消極的契約利益の賠償を請求する權利を認めたことも、ドイツ民法に對して、一歩を進めたものといつてよかろう。

然し、債權者（賣主）が自分の債務を免れて、――すでに給付したものはその返還を請求して――その上に、それによつては償われない損害の賠償を請求することを認めない點は、ドイツ民法と同様であつて、その理由を解するに苦しむものである。舊債務法の下では、學說は分れ、判例は、實際上の必要を理由として、解除の場合にも履行に代る損害の賠償を認める例が多かつたが、新法は、その點をはつきりさせて、消極的契約利益に制限したのだといわれている（Oser, Art. 109, Nr. 7）。そして、學者は、前記のように、商事賣買において別異に取り扱うことを理由ありとしながら、普通の雙務契約では、あくまでも、解除と履行利益の賠償請求とを併存さすべきではないというのである。然し、何故に、そう制限する必要があるのか、諒解に苦しむ。

なお、同法は、前記のように、催告をした後にも、本來の給付と遲延賠償とを請求する權利を失わないものとして、ドイツ民法の窮屈な點を改めた。然し、催告期間の徒過された後に、この權利を行使せずに、不履行による損害賠償の請求をするか、解除をするか、いずれかを選ぼうとするには、催告期間が徒過された後遅滞なく、その旨を明らかにしなければならないものとする。かような條件をつけたのは、債權者（買主）が、催告期間滿了後の目的物の價格の變動を待ち、騰貴したら本來の給付を請求し、下落したら解除をするという餘裕をもち得ることになつては、債務者にとつて酷であり、公平にも反するからだといわれている（Oser, Art. 107, Nr. 37）。もつともなことであり、ドイツ民法が、催告期間徒過の後には本來の給付を請求し得ないと明言しているのも、その邊の理由に基づくものかと推測される。そうだとすると、わが民法の解釋に當つても參考となる。然し、そのことは、解除と履行に代る損害賠償の請求權とを併存させては不都合だという理由にはならないであろう。

要するに、スイス債務法の規定は、わが民法の參考となるものを含んではいるが、しかもなお、解除と履行に代る損害賠償請求權とを併存させる點で、わが民法が優れていると考えるのである。

〔一九七〕 (5)フランス民法の規定（同法一一八四條）は、以上のドイツ民法及びスイス債務法の規定に比較して、甚だ簡明である。

（イ）前に一言したように、「すべての雙務契約には、一方が債務を履行しない場合について、解除條件の默示の特約があるものとみなす」と定めた上で（同條一項）、「その場合には、（解除條件が成就しても）契約は當然に解消されるのではなく、不履行にある債務者の相手方（債權者）は、履行がなお可能なときにはその履行を強制することもでき、また、その契約の解除と損害賠償を請求する（demander la résolution avec dommages et intérêts）こともできる」（同條二項）。「解除は裁判所に請求しなければならない、裁判所は、事情により、債務者に對して一定の期限を許與することができる。」（同條三項）と規定する。

右のフランス民法の規定が債權者の行爲による解除を解除條件の一種とする考え方をとつている點は正しくない。近時の學者が一般にそのことを認めていることは前述の通りである(〔一八四〕)。また、解除をするには、必ず裁判所に請求しなければならず、解除の效果はその判決によつて生ずるということも、わが民法と異なる點であつて、學者のうちには、それを不適當とするものもある(Colin et Capitant, II, no. 245, 246)。その上、解除をするには、まず催告をすることを要件とせずに、裁判所が期限を許與することができるとしていることにも、問題があるように思われる。要するに、これらの點においては、わが民法が優れていると考える。

〔一九八〕（ロ）問題は、解除と損害賠償の請求との關係である。ドイツ民法とスイス債務法とについては、あれほど議論されるこの問題は、格別論議の對象とされていない。

第一に、解除は、同法の下においても、遡及效を生ずることは、――解除條件の一種とされ、解除條件成就の效果は遡及效をもつ(同法一一八三條)ことから――當然のことと解されている。從つて、解除する者が、まだ履行していなければ、履行する債務を免れ、すでに履行しているときは、その返還を請求することができる(Colin et Capitant, II, no. 249; Planiol, II, no. 536)。然し、第二に、解除をした者は、自分の債務を免れて、まだ給付しないものを保留し、またはすでに給付したものの返還を請求しただけでは、なお償われない損害（主として契約が履行された場合に得たであろう利益）が殘る場合が多い。從つて、その賠償を請求することができるというのが、同法の趣旨であると説明されている(Planiol, II, no. 533)。その意味は、――理論的にいえば、――解除をしても、債務不履行による損害賠償責任は、右の範圍では殘つているというのであろう。

後に述べるように、解除は契約の效果を遡及的に消滅させるものなら、相手方の債務不履行による塡補賠償責任も消滅すべきはずだという說が有力に主張されている。然し、フランス民法學者は、その問題については格別議論していない。解除の遡及效の範圍という問題については、第三者と登記の關係は論議されている(Colin et Capitant, II, no. 251)。また、債務不履行の場合の違約金に關する特約などは、解除によつて效力を失わないという(Colin et Capitant, II, no. 249)。けれども、それ以上には、論じられていないようである。このことは、わが民法の解釋にとつても參考になると思われる。

〔一九九〕 **四** 約定解除(契約によつて解除權を留保すること)がどのような作用を營むかは、一概にはいえない。契約が履行される前に再考する機會をもとうとする場合もあろう。手附の授受による解除權の留保(五五七條參照)にはかような意味も含まれている。契約が履行された後に、契約以前の狀態に復歸する可能性を殘そうとする場合もあろう。買戻しの特約に含まれる解除權の留保(五七九條參照)はこれにあたる。さらには、相手方の履行の途中で任意に中止させることもできるという、一見極めて勝手な權利を保留する場合もないではあるまい。請負の注文者の解除權(六四一條參照)は、請負の特殊性によるものだが、かような性質をもつ。いずれにしても、約定解除は、契約で一方の當事者または雙方の當事者に解除權を與え、その者の單獨の意思表示によつて解除する場合であるから、契約關係を解消させること自體を內容とする場合(解除契約)と區別しなければならない。實際社會には、手附を授受する場合以外には、約定解除の例は少ないように思われる。

注意すべきことは、特約で解除權を保留する場合にも、法定解除權に關する民法の規定を修正する內容を有するものが多いことである。すなわち、その發生要件を輕減し、——例えば、履行遲滯があれば催告をしないで解除し得るというようなもの——あるいは、その效果を明らかにするもの、——例えば、解除された場合の損害賠償額を定めるもの——がある。かような場合の解除は、これを法定解除として、特約された事項以外の點については、法定解除の規定を適用しなければならない。

第二　解除の法律的特色と類似の制度

〔二〇〇〕　(1)解除權を有する者の存在することが必要である。解除權は、法律の規定または契約によって生ずること前述の通りである（〔一八四〕）。——契約の解消自體を目的とする契約（解除契約）と異なる點である。解除契約については後に述べる（〔二三九〕以下）。

〔二〇一〕　(2)解除權者の意思表示（單獨行爲）によって效力を生ずる。解除の意思表示をするために一定の事實（例えば相手方の債務不履行）の發生することを必要とする場合もある。然し、その場合にも、意思表示を必要とする。——解除條件（總則〔四一三〕・〔四一九〕參照）または失權約款と異なる點である。失權約款とは、一定の事實が發生すれば當然に權利を失う旨の特約である。例えば、月賦辨濟による賣買契約で、買主が一回でも支拂いを怠れば、契約は當然に解消し、買主は目的物に對する權利を失うというのがそうである。權利を失う當事者にとって甚しく不利なものであるから、約款の內容を解釋するに當っては、極めて愼重でなければならない（〔二四〇〕參照）。

〔二〇二〕　(3)解除によって、契約ははじめから存在しなかったと同樣の效果を生ずる。すなわち、契約は遡及的に法律要件たる效力を失う。この點については後に詳說する（〔二八九〕以下）。——繼續的契約（賃貸借・雇傭・委任・組合など）は、一方の當事者の債務不履行を理由としてその契約關係を解消させる場合にも、遡及效を生ぜず、將來に向つて消滅（終了）するだけである（六二〇條・六三〇條・六五二條・六八四條參照）。民法は、かような場合にもこれを解除と呼んでいるが、その法律效果は、遡及效をもつ解除と大いに異なるので、學者は一般に告知と呼んでいる（もちろん、解除と告知と共通の點もある。その限りで告知に關する判決も引用する）。そして、この點について問題となるのは、民法に特別の規定のない債務不履行（例えば、賃借人の賃料不拂）を理由としてその繼續的契約を解除（告知）する場合に、民法第五四一條を適用して、催告を必要とするというべきかどうかである。賃貸借の項に詳說する（但し、〔二三〇〕參照）。なお、民法は、繼續的契約を終了させることを解約ともいつている。解除は直ちに效力を生ずるのに反して、解約は一定の猶豫期間（解約期間）を經てから效力を生ずるのが常である（六一七條・六一八條・六二七條・六二九條・六三一條參照）。それぞれの契約の項に述べる。

第三　解除し得る契約の範圍

〔二〇三〕 一　解除の本質的な效果が契約を遡及的に失效させることであるとすると、いかなる契約について解除を認め得るものであろうか。法定解除と約定解除を區別して考えねばならない。

二　法定解除權を認むべき範圍

〔二〇四〕 (1)一般的な法定解除をいかなる契約について認め得るかは、要するに、いかなる契約について、一般的な法定解除權の發生原因に關する第五四一條ないし第五四三條の規定が適用されるかという問題に歸着するであろう。ドイツ民法（三二五條・三二六條）、スイス債務法（一〇七條・一〇九條）、フランス民法（一一八四條）、いずれも、雙務契約に限つている。もつとも、フランス民法については、これを、使用貸借（prêt）及び動産質（gage）

にも適用すべしと論ずる者もある(Colin et Capitant, II, no. 253)。然し、それは、相手方が目的物を不當に保管する場合に解除して返還を求め得るというのであつて、繼續的な法律關係の告知に他ならない。ドイツ民法やスイス債務法については、格別議論がないようである。

法定解除權を認める實際上の必要は、債權者が自分の債務を免れることに存するのだから、相手方に對して債務を負擔しない債權者に解除權を與える必要があるかどうか、甚しく疑問である。然し、民法には制限がないので、判例は廣くこれを認め、多數の學者はこれを支持する。他日の研究に殘し、疑いを抱きながら、多數說に從つて說明する。

〔二〇五〕 (2) 然るときは、片務契約(〔六二〕參照)にも解除權を認めることになる。從つて、例えば、贈與者が履行遲滯にあるときは、受贈者は、催告して解除し、金錢による塡補賠償を請求し得ることになる。(履行不能の場合には、金錢賠償を請求し得るのだから、解除は無意味であろう)。

判例は、消費寄託(預金)契約も解除することができるとなすのみならず、その結果生ずる返還請求權は、本來の預金債權と性質を異にするものだから(〔三〇〇〕・〔三〇一〕參照)、預金債權が讓渡を禁止されている場合にも、返還請求權は讓渡性を有すると判示する(大判昭和八・四・八民五六一頁、同昭和八・一〇・一四新聞三六二二號一四頁)。然し、これは、明らかに不當であろう。けだし、消費寄託契約は解除し得るとしても、それは繼續的契約の告知であるのみならず、消費寄託者(預金者)が返還請求をすること自體がすでに告知(解除)である。從つて、返還請求をした上で、相手方が履行しないからといつて、さらに告知するということは考えられない。實際からいつても、讓渡禁止の特約ある預金債權が、銀行の履行遲滯によつて讓渡性を取得するとなすことは、妥當なものではあるまい（同旨を說くものとして、判民昭和八年度四四事件川島評釋參照）。

〔二〇六〕 (3)契約の效果が、その締結と同時に完結して、履行という問題を殘さないものについては、一般的な法定解除權を生ずる餘地がない。けだし、第五四一條ないし第五四三條は履行を前提としているからである。

もつとも、この問題は、一般には、物權契約や準物權契約について法定解除はあり得るか、という立場で論じられる。然し、そうした形で問題を提起するなら、場合を分けて考えなければならない。

〔二〇七〕 (イ)特定物や特定の債權を目的とする賣買契約や交換契約について法定解除權を生じ得ることは明らかである（通說）。けだし、この場合には、代金のみならず、目的物の引渡や對抗要件について履行という問題を殘すからである。このことは、右のような賣買契約によつて目的たる權利が當然に移轉するとみるか、別箇の物權契約（準物權契約）を必要とするとみるか、さらに、その物權契約を有因とみるか無因とみるかには、關係がない（物權行爲の無因性につき物權〔七七〕—〔八七〕參照）。そのいずれとみるかによつて、解除の效果が異なるだけである（〔二九七〕參照）。

〔二〇八〕 (ロ)債權關係と無關係に物權契約・準物權契約が行われた場合、例えば、地上權や抵當權の設定契約、所有權や債權の移轉による代物辨濟契約（債總〔四三三〕參照）などについては、一般に法定解除權を生ずる餘地がないと解されている（田島等三七四頁、和田判例契約解除法八四頁など）。然し、登記や引渡をなすべき債務がなお殘つている場合には、その不履行によつて法定解除權が發生するというべきではあるまいか。けだし、民法は、契約の效果について債權的なものと物權的なものとを峻別していないのだから、債權編に規定される解除における債務不履行の規定を右のような債務の不履行についても適用することが、民法の解釋として、むしろ正當な態度というべきだからである。

〔二〇九〕　(八)最も問題なのは、更改契約や相殺または免除を目的とする契約などである。判例は、甲が乙に對して特定物の移轉を目的とする債權を有し、甲乙間でそれを一定の金額を支拂う債務に切り替える更改契約をした場合にも、乙が金錢債務を履行しないときは、甲は更改契約を解除することができ、解除すれば、新債務は消滅し、舊債務は復活するといつている(後の〔二一九〕參照)。然し、更改契約は、舊債務を消滅させ新債務を成立させることでその效果は完結したはずであり、乙が新債務を履行しないことは、更改契約そのものの不履行ではない。從つて、それを理由として更改契約を解除する法定解除權が發生するとなすことは、更改契約の性質に反する(債總〔五二五〕ロ參照)。免除契約についても同樣のことがいえる。例えば、債權者甲が債務者乙と契約して債務の一部を免除し、殘額だけについて一定の分割拂いの方法を定めた場合(一種の和解契約)に、乙が分割拂いを怠つても、債務免除契約そのものの履行について債務不履行があるとはいえない。相殺契約によつて殘額債權を定めた場合も同樣である。

〔二一〇〕　三　約定解除權を認め得る範圍

(1)當事者が契約で解除權を留保することは、いかなる契約についてでも可能であろう。更改契約や契約による相殺・免除などについても、解除權の留保はできる(この結論は多數說)。物權契約や準物權契約についてももちろん可能である。けだし、約定解除權は、履行が完結した後に行使し得るものとして留保することもできるものだからである。のみならず、これらの契約についても、遡及效を有する解除條件を附することは可能である以上、同様の効果を當事者の一方の意思表示によつて生じさせようとすることも可能だといわねばならない。そして、それが解除權の留保に他ならないからである。判例も、更改契約についての解除權の留保(大判昭和三・三・一〇新聞二八四七號一五頁)に關し、同様の結論を認めている。

〔二一一〕 (2)そして、かような物權契約や準物權契約について解除權が留保された場合についても、その解除權行使の方法、解除の效果、その他については、賣買契約などの債權契約について解除權が留保された場合と全く同様に取り扱つて、民法第五四〇條以下の規定を適用してよいと思う。けだし、民法は、物權契約と債權契約を區別して前者についてだけ解除の規定を設けたものと解する必要は認められないからである(異說が多い)。

第二款　法定解除

第一項　法定解除權の發生

第一　概説

〔二一二〕 一　民法が法定解除權を生ずる一般的な場合として規定するのは、債務者の履行遲滯(五四一條・五四二條)と履行不能(五四三條)とであるが、前者は、普通の場合(五四一條)といわゆる定期行爲(五四二條)とに分けて規定されている。定期行爲の解除も、履行遲滯による解除の一種であるが、履行期以後の給付が債權者にとつて價値のないものである點、——從つて、債務者が遲滯となつてから、催告をして履行をうながすということは全く無意味な點——で普通の場合と異なるので、民法は、特別の規定をしたわけである。スイス債務法では、履行遲滯だけれども催告を必要としない場合とされている（ス債一〇八條一號・二號參照―ド民には約定解除の節に特別の規定がある（同法三六一條））。

なお、民法には規定はないが、債務不履行の特殊な場合として、不完全履行を擧げる近時の判例・通說によれば、これもまた、一般的な法定解除原因として、いわゆる追完を許す場合と、追完を許さない場合とを區別して、考えなければならないことになる（債總〔一三六〕・〔一一九〕以下參照）。

そこで、結局、債務不履行を理由とする一般的な法定解除權の發生原因は、（ａ）普通の履行遲滯、（ｂ）定期行爲の履行遲滯、（ｃ）履行不能、（ｄ）追完を許す不完全履行、（ｅ）追完を許さない不完全履行の五つの場合であり、ａとｄは催告を必要とし、その他は催告を必要としないことになる。實際上最も多く行われ、理論としても困難な問題を含むのは、普通の履行遲滯（ａの場合）である。

〔二一三〕　二　右の他に、一般的な法定解除權の發生原因として考えなければならないものが二つある。一つは、前に述べた契約締結後の事情の變更を理由とする解除權の發生であり（〔二一九〕八）、他の一つは、債權者の受領遲滯による解除權の發生である。いずれも後に述べる（〔二六五〕以下）。

第二　履行遲滯による解除權發生の要件

〔二一四〕　一　普通の履行遲滯による解除權發生の要件は、（ａ）債務者の責に歸すべき事由による履行遲滯があること、（ｂ）債權者が相當の期間を定めて催告したこと、（ｃ）催告期間内に履行されなかつたこと、の三つである（五四一條）。但し、（ｄ）以上の要件は、特約によつて輕減することもできる。また、（ｅ）催告期間を徒過することは、解除權を發生させるだけだから、その後でも、債權者が解除する前に、債務者が債務の本旨に從つた（遲滯による損害の賠償をも加えた）履行をすれば、解除權は消滅すると解されていることを注意しなければならない。各要件を順次に説明する。

〔二一五〕 二　債務者の責に帰すべき事由による履行遅滞のあること

(1)一般的な法定解除權は、要するに、債務者の履行遅滞の効果の一つである。従つて、履行遅滞を生ずる要件として、債權總論に述べた事由、すなわち、(a)履行の可能なこと、(b)履行期を徒過したこと、(c)債務者の責に帰すべき事由によること、(d)履行しないことが違法であること、の四つの要件を必要とする(債總〔一三九〕以下參照)。然し、これを理由として解除するためには、なおいろいろの問題を生ずる。

〔二一六〕 (2)履行期に履行が可能であるにも拘わらず債務者が履行しないときは、――定期行爲の場合を除き、――債權者は、催告をした上でなければ、解除をすることはできない。然し、履行期以後に債務者の責に帰すべき事由によつて履行が不能となつたときは、――これを履行不能と呼ぶかどうかは別としても、――債權者は、この時から、催告をしないで解除することができることはいうまでもない(債總〔一三九〕參照)。

〔二一七〕 (3)債務者が履行期を徒過すること、という要件は、二つの問題を提供する。一つは、債務者が同時履行の抗辯權を有するときは、履行期に履行しなくとも、それだけでは履行遅滞とはならないかという問題であり、他の一つは、債務者が履行期を徒過することは、債權者が催告をするための要件か、それとも、解除が結局効力を生ずるための要件かという問題である。

〔二一八〕 (イ)債務者が同時履行の抗辯權を有するときは、履行期に履行しなくとも、履行遅滞にならない。従つて、解除權發生の要件を充たさない。このことは、理論としては疑いない(〔一三九〕參照)。従つて、債權者は、その同時履行の抗辯權を失わせるために、自分の債務の提供をしなければならない。ところが、實際上は、この點に最も多くの問題を生ずる。履行遲滯を理由とする解除に關する實際上の爭いは、この點に集中するといつても過言ではない。後に催告と關連して詳述する（〔二三二〕以下）。

〔二一九〕　（ロ）第五四一條の定める要件を、債務者が履行遲滯にあるときは、債權者は催告して解除する權利を取得する、という意味に解するときは、債權者が催告をする前に債務者が遲滯に陷いつていることを必要とすることになる。そして、期限の種類によつて、つぎのような結果となるはずである。

（a）確定期限の定めがある場合には、債務者は、一般には、その時から履行遲滯となる（四一二條一項、債總〔一四〇〕參照）のだが、債務者が同時履行の抗辯權を有する場合には、期限が過ぎただけでは履行遲滯とはならない。例えば、賣主と買主とが一定の日時に登記所で代金と引き換えに移轉登記をする契約において、賣主がその日時に移轉登記の準備をして登記所に出頭したが買主は來なかつたときには、買主は、その時から、履行遲滯に陷いるから、賣主は、その後に、相當の期間をおいた日時を定めて催告すれば（この日時に賣主が登記所に出頭（提供）する必要があるかどうかは、また大きな問題だが、それは後に述べる〔二三三〕）、債務者がその日時を徒過することによつて、解除權は發生する。然し、契約に定められた最初の日時に賣主も登記所に出頭しなかつたとすると、買主は、履行遲滯とはならない。賣主が改めて一定の日時を定めて履行を催告し、みずからその日時に登記所に出頭してはじめて買主は履行遲滯となる。從つて、賣主は、それから後に再び催告しないと解除權は發生しないことになる。いいかえると、當事者雙方が最初の確定期限を徒過した場合には、それから後に、一方の當事者が相當の期間をおいた日時を定めて催告し、その日時に自分の債務の提供をしても、解除權は發生しないといわねばならないことになるはずである。

(b)不確定期限の定めがある場合には、債務者は、一般には、期限の到來を知つた時から遅滞に陥いる（四一二條二項、債總〔一四二〕參照）。然し、債務者が同時履行の抗辯權をもつている場合には、債權者がその時に自分の債務の提供をすれば、債權者は、その時から、催告によつて解除權を取得することができるようになるが、そうでないときには、右と同樣の問題を生ずる。

(c)期限の定めのない場合には、右の關係は一層明瞭となる。すなわち、この場合には、債務者は、債權者の催告のあつた時から、遅滞に陥いる（四一二條三項、債總〔一四三〕參照）。從つて、債權者は、まず第四一二條三項の催告をして（この催告にも提供を要する〔一三九〕參照）債務者を遅滞に陥しいれ、それから後にはじめて、第五四一條の催告をすることができることになるはずである。

判例は、右cの場合（期限の定めのない場合）については、比較的早くから、債權者が一度催告し、その催告期間內に自分の債務の提供をして相手方を遅滞に陥しいれれば、重ねて催告をする必要はないと判示した（大判大正六・六・二七民一一五三頁など）。これに反し、右aの場合（兩當事者が確定期限を徒過した場合）については、最初は、右に述べたような嚴格な態度をとつていた（大判大正九・七・八民九六六頁、同大正一〇・三・一九民五六三頁など多數）。然し、その後、その態度を改め、確定期限の定めのある場合に、兩當事者がその期限を徒過するときは、期限の定めのないものとなる、との前提の下に、右cの場合と同樣に、二度の催告をする必要はない、とするようになつた（大判大正一〇・六・三〇民一二八七頁、同大正一三・五・二七民二四〇頁など）。極めて正當な態度であるが、このことは、債權者のなすべき提供を、公平の原則に基づいて次第に緩和する傾向の現われである（〔二三二〕以下參照）。要するに、債務者が履行遅滞にあることは、解除權發生の要件たるに止まり、債權者が催告をするための要件ではないことを注意すべきである。

〔二三〇〕 (4)法定解除權發生の要件としての履行遲滯は、債務者の責に歸すべき事由に基づくことを要するかどうかは、民法の規定からは、必ずしも明らかでない。第五四三條（履行不能による解除）は「債務者ノ責ニ歸スベキ事由ニ因リ」と明言するのに反し、第五四一條はこれを明言しないからである。然し、債務不履行による損害賠償責任の發生要件におけると同樣に、債務者の責に歸すべき事由によることを必要とし、ただその擧證責任は、債務者にありと解すべきである（債總〔一三七〕・〔一四四〕・〔一五七〕參照）。責に歸すべき事由ということの意義も、損害賠償責任の發生要件としての債務不履行におけると同樣に解すべきである（債總〔一四五〕參照）。

〔二三一〕 (5)債務者の履行しないことが違法であること、という要件の意味も、損害賠償責任の發生要件としての履行遲滯におけると同一である（債總〔一五八〕參照）。但し、實際には、同時履行の抗辯權が最も問題となり、催告に關連して、債權者の提供の程度によつて解決されることになるのだから、後に述べる（〔二三二〕以下）。

〔二三二〕 (6)解除においてとくに問題とすべきことは、債務者の一部履行遲滯である。契約の趣旨と信義誠實の原則に從い、場合を分けて判斷しなければならない。

(イ)債務者のなすべき給付の内容が數量的に可分である場合、いいかえれば、一部を履行しただけでも、債權者にとつてそれだけの價値がある場合。

(a)一定數量の商品を何回かに分けて給付する賣買、一定の期間毎に一定の數量を給付する遞次供給賣買などのように、債務者が一部ずつ履行することが契約の趣旨である場合に、債務者がすでに一部を給付した後においては、債權者は、未履行の殘部についてだけ解除することができるのを原則とする（大判大正一四・二・一九民六四頁）。

（b）もつとも、すでに履行された部分も不完全なものであれば、その部分について、損害賠償を請求し得ることはいうまでもない。のみならず、履行された部分の不完全な程度が甚しく、契約の目的を達することができない場合には、――追完を許すものであるかどうかを區別し、催告をした上で、または催告をしないで――履行された部分についても解除することができる。けだし、履行された部分については、結局、不完全履行の問題となるからである（〔二六〇〕―〔二六四〕參照）。

（c）債務者のなすべき給付の内容が可分であり、分割して、または遞次に給付すべき場合でも、債務者が最初の給付義務を怠つているときは、債權者は、全部について解除をすることができる（大判明治三九・一一・一七民一四七九頁、同大正八・七・八民一二七〇頁など）。

（d）債務者が一時に給付すべきものについて一部だけを給付した場合――例えば、石炭五十トンを一時に給付すべき場合に、二十トンだけ給付したときや、百坪の土地を給付すべき場合に五十坪だけ給付したとき――にも、理論としては、分割供給や遞次供給の場合と同様だといつてもよかろう。然し、この場合には、全部の給付がなければ債權者にとつて契約の目的を達し得ない場合――すなわち、全部の解除をなし得る場合――が多いことをとくに注意すべきである。

〔二二三〕 （ロ）債務者のなすべき給付の内容が不可分である場合。一部の給付は、債權者にとつて、それだけの價値もないのだから、債權者は、原則として全部の解除をすることができる。但し、不履行の部分が給付全體からみて輕小なものであつて、全部の解除を認めることが信義誠實の原則に反するときは、解除はできないといわねばならない。

三　相當の期間を定めて催告すること

〔二二四〕　⑴催告は、債務者に對して債務の履行を促がす債權者の意思通知である（總則〔二六六〕參照）。解除權發生の要件としては、履行すべき債務を示し、かつ、相當の猶豫期間を與えて履行を促がさなければならない。催告の方法には制限がない。

〔二二五〕　（イ）債務の同一性がわかるような催告でなければならない。この點については、いわゆる過大催告と過小催告が問題となる。

（a）過大催告、すなわち、債務者の履行すべき給付の數量よりも過大な數量を示して履行を催告した場合。（i）債務者の給付すべき數量が確定している場合には、債權者が誤ってその數量よりも過大な催告をしても、債務の同一性がわかれば、催告は有效である（判例通說）。（解除權は、いうまでもなく、債務者の履行すべき數量について發生する。）例えば、煙草二十梱の賣買で、賣主の未履行の部分が六梱であるのに買主（債權者）が誤算して十梱として催告したとき（大判明治三八・六・二四民一〇三九頁）、商品が横濱港に到着すれば引渡を行う賣買契約で、未到着の部分も到着と誤解して、それを含めた數量の催告をしたとき（大判昭和二・三・二二民一三七頁）などには、催告は有效である。統制價格に違反（超過）した數額を催告した場合でも、その額が當事者間で約定されたものであれば、許された數額までの催告としての效力をもつ（最高判昭和二九・四・二民七九四頁（家賃に關する））。（ii）右に反し、債務者の給付すべき數量が確定していない場合——例えば、賃貸借契約で、賃料は客觀的に合理的な額と定められていた場合、賃貸人または賃借人が相當な範圍で賃借料の増減を請求し得る場合（借地法一二條、借家法七條の場合）など——には、債權者の催告に示された額が、客觀的に正しい數額に比してそれほど過大でないときは、催告はなお有效である（大判昭和九・五・八判決全集一輯（五）一一頁（借地人の減額請求にかかわらず、地主が従前の地代額を請求した事例）、なお、最高判昭和二九・三・二六民七三六頁も同旨（賃貸人が請求した増額を含めて催告したが、その額が全體の延滯額に比して輕小な事例））。これに反し、請求額が客觀的に正しい數量に比して甚しく過大であるときは、催告は無效といわねばならない。けだし、そのような場合には、債務者（賃借人）が客觀的に正しい數額を提供しても債權者（賃貸人）はそれを受領しない意思を有することが明らかだといわねばならないからである（大判昭和七・三・一七民四三四頁（〔二三七〕參照））。

（b）過小催告も、債務の同一性がわかれば、もちろん有效である。ただ、この場合には、解除は、原則として、催告に示された數量だけについて生ずるといわねばならない。けだし、債權者は、債務者の給付すべき數量の一部について、とくに速に履行すべきことを促がす（そしてその部分についてだけ解除する）ことも自由だからである。もつとも、過小催告も、その過小な數量が輕小であつて、債權者が債務の全部について催告する意思であることが明らかな場合には、——信義誠實の原則からいつて——全部について解除權を生ずると解すべきである。

〔二二六〕（ロ）催告の内容は、一定の期日または一定の期間内に履行すべき旨を示せば足りる。履行がなければ解除する旨を附言する必要はない。スイス債務法と同一であつて（〔一九五〕參照）、ドイツ民法と異なる（〔一九三〕參照）。

〔二二七〕（ハ）解除の要件としての催告をなし得る時期は、前に詳述したように、債務者について履行遲滯の責任を生じてから後であることを必要としない。確定期限の定めがある場合には、その期限後であればよい。また、期限の定めのない場合には、何時でも催告することができる（〔二一九〕參照）。

〔二二八〕(2)債權者は、催告に當つて、「相當の期間」を示さなければならない。相當の期間は、債務者が履行の準備をしかつこれを履行するに必要な期間であつて、債務の内容その他客觀的の事情によつて定まる。債務者の旅行や病氣のような主觀的な事情は考慮しない（大判大正六・六・二七民一一五三頁）。

期間が相當でない場合には、催告は全然無效であろうか。無效だとする有力な學說があり（鳩山二一四頁など）、判例も以前にはこれに從つていた（大判大正六・七・一〇民一一二八頁、同大正一一・八・四民四八三頁など）。期間が相當でない場合にも、催告としては有效とし、催告から客觀的に相當な期間を經過すると解除權が發生すると解するときは、期間が相當かどうかを判斷する危險を債務者が負擔することになつて不公平だということを主たる理由とする（鳩山前掲參照）。然し、すでに債務を負擔してそれを履行しない者に、そこまでの保護を與えることは、かえつて公平に反する。もちろん、前述のように、債權者が催告をする前に債務者が遲滯にあることを必要としないと解するときは、債務者がすでに遲滯に陷いつてから催告する場合とそうでない場合（すなわち、兩當事者が確定期限を徒過した場合や、期限の定めのない場合）とで、相當の期間の算定に多少の差異を生ずるであろう。然し、それにしても、猶豫期間が相當でないときは、催告は何等の效果を生じない——極端にいえば、不相當な期間を定めた催告は幾度繰り返えしても解除權を生じない——と解することは、信義則に反するであろう。判例も、その後、その見解を改め、まず、相當の期間の算定は、債務者が大體の準備を終つていると前提してなすべきだといい（大判大正一三・七・一五民三六二頁）、ついで、期間を定めないで幾度も催告を繰り返えした場合にも、客觀的にみて相當な期間を經過すれば、解除權は發生すると判示するに至つた（大判昭和二・二・二民一三三頁（判民二五事件宮崎）、同昭和九・一〇・三一新聞三七七一號一一頁）。近時の通說はこれを支持する。なお、スイス債務法（同法一〇七條）の解釋として、學說・判例が信義の原則に訴えて、右に述べたとほぼ同樣の趣旨を認めていることは注目に値する（Oser, Art. 107, Nr. 15）。

(3)催告は絶對的に必要であろうか。

〔二二九〕 (イ)債務者が豫め履行を拒絶したときに問題となる。抽象的にいえば、催告はなお必要というべきであろう（判例・通說）。けだし、債務者は、催告に應じて、その意思を飜えして履行する場合も考えられるからである（大判大正一一・一二・二五民六八四頁）。但し、この場合には、債權者は自分の負擔する債務について履行の提供をする必要はないものと解されている（後の〔二三七〕參照）。從つて、債權者は、口頭の催告でも、やりさえすればよい。そして、そうだとすると、――實際の事例を見ると、債權者が解除するまでに何等の督促をしない場合はほとんどないから、――あまり問題とする必要がないように思われる（右の判決の我妻評釋判民一〇二事件參照。なお大判昭和三・一二・一二民一〇八五頁も催告をしている事例である）。なお、スイス債務法が債務者の態度から見て催告が徒勞に終ることが明らかな場合には催告はいらないと定める（同法一〇八條一號（〔一一九五〕參照））ことの解釋としては、債務者が遲滯に陷いつてから、飜意の餘地のないほど確定的に履行拒絶の意思を表示したときは、催告はいらないとされている（Oser, Art. 108, Nr. 3）。

〔二三〇〕 (ロ)前に一言したように、賃貸借契約のような繼續的契約關係については、とくに問題とされる。繼續的契約關係については、解除は遡及効をもたない（〔二〇二〕參照）。然し、一方の當事者の債務不履行があるときは、――法律に別段の定め（六〇七條・六一二條二項・六二五條三項・六二八條・六五一條など）ある場合を除き――第五四一條を適用し、相當の期間を定めて催告した上で解除すべきものと解するのが判例・通說である。そして、この點につき、判例は、近時、繼續的契約關係がとくに相互の信頼關係を基礎とすることを理由として、一方がその義務に違反し、信頼關係を裏切つて賃貸借關係の繼續を著しく困難ならしめるような不信行爲をしたときは、催告をなさずに解除（告知）し得ると判示したことは、注目すべきことである（最高判昭和二七・四・二五民四五一頁（借家人の家屋使用があまりにも亂暴な事例））。賃貸借の項に再説する。

〔二三一〕 **四**　催告期間内に履行されなかつたこと

(1) 法定解除權は、しばしば述べたように、債務不履行の効果として生ずるものであるから、債務者が催告期間内に履行をしないのも、その責に歸すべき事由に基づくことを要する。但し、前に述べたように、債權者が催告を發する前に債務者が遲滯に陷いつていることを必要とするのではない（〔二一九〕）から、正確にいえば、催告期間内に履行しないことが債務者の責に歸すべき事由に基づき、かつこれをもつて足る、というべきである。従つて、（a）債務者が履行期に履行しなかつたのはその責に歸すべからざる事由によるのであつても、催告期間内に履行しないのがその責に歸すべき事由によるものであるとき、――例えば、賣主が約定の期日に目的物を送付しなかつたのは暴風による運送機關の停止のためだが、その後運送機關が復舊して、催告期間の滿了までに運送ができるようになつたのに、怠つて送付しなかつたような場合――には、催告はなお有効である。（b）右と反對に、債務者が履行期に履行しなかつたのはその責に歸すべき事由によるのであつても、催告期間内に履行しないのがその責に歸すべからざる事由によるものであるとき、――例えば、賣主が約定の期日に目的物を送付することを怠つている間に買主の催告を受けたが、その時には暴風のために運送機關が停止してしまつたような場合――には、催告そのものは有効だが、催告期間は、運送機關が回復した時から運送に必要な期間を經過した時に滿了すると解すべきである。けだし、そうでないと、催告を必要とした趣旨が貫かれないこととなるからである。

〔二三二〕 (2)債務者が同時履行の抗辯權を有する場合には、債權者は、自分の負擔する債務について履行の提供をしなければならない。但し、この理論をあまりに嚴格に解すると、不誠實な債務者に口實を與えることになる。判例は、信義誠實の原則に訴えて、債權者のなすべき提供の時期と程度とを次第に緩和するに努めてきた。

〔二三三〕 (イ)債權者は、催告に示した時期までに、相手方に對する自分の債務の履行を提供して、債務者を遲滯に陥しいれればよい。

(a)債務の履行について確定期限が定められている場合に、債權者がその期限に提供したとき――例えば、土地の賣主が約定の日時に移轉登記の準備をして登記所に出頭したが、買主が理由なく出頭しなかつたとき、または、出頭したが代金の手配をしていなかつたとき――には、債權者がその後に催告するには、提供を必要としない(大判昭和三・一〇・三〇民八七一頁など多數)。けだし、債務者は、約定の期日に履行しないことによつて、解除に關する限り、同時履行の抗辯權を失つたと解すべきだからである。もつとも、賣主が買主に對して本來の給付を請求するときには、引き換えに給付すべき旨の判決を取得し得るだけであつて、この意味では、買主はなお同時履行の抗辯權を失わないと解すべきことは前に述べた通りである(〔一三五〕ロ)。

なお、右に述べたように、解除に關しては、債務者が遲滯に陷いった後には、債權者は提供をしないで單に催告だけすればよいといつても、債務者が催告に應じて履行するときには、結局自分の債務も履行しなければならないのだから、債權者が自分の債務の目的物を處分してしまつて履行することが不可能となつたような場合には、催告は無效（解除することはできない）と解すべきものと思う。

〔二三四〕　（b）履行期として定められた確定期限に當事者雙方が履行の提供をしなかつた場合、または、履行期の定めがない場合には、債權者は、催告すると同時に提供をすればよい（大判大正一〇・六・三〇民一二八七頁、同昭和三・五・三一民三九三頁（判民四〇事件我妻評釋））。まず提供を伴う催告をして相手方を遲滯に陷しいれてから、解除のためにもう一度催告をする必要があるのではない。判例が以前反對に解したことについては、前述した（〔二一九〕）。

〔二三五〕　（c）催告に示された履行期が一定の日時であるとき、——例えば、翌月十五日午前に登記所において移轉登記をするから代金を持參せよという場合——には、債權者は、その日時に提供——履行の準備をして登記所に出頭——すればよい。これに反し、履行期が一定期間内とされたとき、——例えば、翌月十五日までに商品引き換えに代金を支拂えとか、翌月十五日までに移轉登記と引き換えに代金を支拂えという場合——には、原則として、その期間中提供を繼續しなければならない。從つて、商品を引き渡すべき場合などには、その期間中は、買主が代金を持參して引渡を求めれば何時でも引き渡せるだけの準備をしておかなければならない（右の大判大正一〇・六・三〇民一二八頁、同昭和三・五・三一民三九三頁はかような提供があると認められた事例）。移轉登記をすべき場合には、同樣に、債權者は、その期間中毎日登記所に出頭するか、少なくとも、買主が登記所に出頭すれば直ちに自分も出頭し得るような手配をしておかなければならないはずである（大判昭和五・四・一九新聞三一八四號一六頁は出頭もせず、手配もしない債權者の催告を無效とする事例）。然し、すでに繰り返えして述べたように、債務の履行は債權者と債務者との協力だから、債權者が右のような催告をした場合には、債務者の方から問い合わせその他の手續をとり、さらに確定的な日時をとりきめることに協力すべきである。これを怠り、漫然として催告期間を徒過したときには、それまでの兩當事者の誠意その他の事情により、催告はなお效力をもつ場合もあり得るといわねばならない。もちろん、債務者がその前に履行を拒絶したときには、債權者は、提供する必要がないとされている(後の〔二三七〕參照)。然し、明瞭な履行拒絶の意思を表示しないときにも、なお右のような效力を認むべき場合があるというべきである(〔二三八〕參照)。

なお、催告に示された履行期が一定の期間内というのであつても、債權者がその期間中提供を繼續すれば、解除權は發生するのだから、その期間が經過した後は、提供を繼續する必要はない(右の大判昭和三・五・三一民三九三頁)。

〔二三六〕 (ロ)債權者のなすべき提供の程度は、債權總論に述べた一般原則(債總〔三二二〕)に從う。但し、雙務契約の解除の場合には、債務者は、自分の債務の履行を怠り、從つて相手方の債務の履行を受領することをも拒もうとするのだから、債權者側の提供は、事情によつて相當に輕減されるものといわなければならない。判例も、この趣旨を明らかにしている。

〔二三七〕 (a)債務者が、債權者のなす履行を受領することを拒絶する意思が明瞭である場合には、提供することは必要でないとされる(大判大正一〇・一一・九民一九〇七頁、同昭和九・四・一九裁判例(八)民九五頁など)。もつとも、債務者に履行困難な事情があつても、輕々に履行の意思なし――從つて受領の意思もない――と判斷すべきでないことはいうまでもない(大判大正六・一一・八民一七五三頁)。のみならず、債務者の受領拒絶といつても、そこには、債務者の態度その他の事情から強弱いろいろの程度があるはずである。從つて、債權者も、それに應じて、――現實の提供は必要でないとしても、――履行のために多少の準備をする必要があるといわねばならない。

〔二三八〕（b）債務を履行すべき場所が債權者の指定によつて定まる場合には、債權者は、催告する際に、その場所を指定すれば足りる。のみならず、その指定があまり明瞭でない場合には、債務者は、問い合わせてこれを確めるだけの誠意をもつべきであつて、これをしないで漫然として履行しないときは、催告は有效である。判例は、賣主が肥料引渡場所として一定の倉庫を指定した事例について、この趣旨を明らかにした（大判大正一四・一二・三民六八五頁）。

右に反し、債務を履行すべき場所が債務者の指定によつて定まる場合に、債務者がこれを指定することをも怠つているときは、債權者は、債務の目的や取引上の慣行を顧慮して、債權者または債務者の店舗その他然るべき場所を指定してそこで履行をなすべき旨を催告することもできると解すべきである（大判昭和八・四・一八裁判例（七）民八四頁は反對だが、同昭和九・二・一九民一五〇頁はこれを認めた）。

〔二三九〕（c）解除をしようとする債權者が不誠實なものである場合も稀ではない。すなわち、相手方が有效な催告をした場合にはこれに應じないでいて、——相手方が催告期間の滿了後に直ちに解除しないのを奇貨として——後に事情が變更してから、逆に自分の方から催告をして解除しようとするような例である。もし、この催告をした債權者に資力がなく、自分の債務を履行することは不可能である場合には、もちろん——提供がないから——催告は無效である（大判大正四・五・二四民七九七頁參照）。のみならず、さような場合には、——解除しようとする債權者は、すでに自分の債務については履行遲滯にあり、相手方の債務については受領遲滯にあるのだから、——改めて確かに受領する意思を表示し、かつ自分の債務についての提供が（遲延賠償を含めて）完全に行われることを必要とする、といわねばならない（大判大正九・四・一二民四八七頁は受領遲滯を消滅させるために一度催告し、更に解除のために催告することが必要だという趣旨らしいが、それまでの必要はないと思う）。

〔二四〇〕 五　解除権の發生要件を輕減する特約

履行遲滯による法定解除權の發生要件を輕減する特約は有效である。但し、債務者にとつて不利となることであるから、その特約の內容を解釋するに當つては、とくに信義誠實の原則に從うべきである（總則〔二九二〕參照）。判例もこの趣旨を明らかにしている。すなわち、雙務契約において、期限內に債務の履行がなければ解除し得るという特約があつても、原則として、なお、民法の規定と同樣に、責に歸すべき事由による履行遲滯がなければ解除し得ない趣旨と解すべきである（大判大正一〇・一二・六民二一二二頁）。

また、割賦拂の債務や繼續的に支拂う債務について一回の不履行があれば契約は解除されるという特約があつても、原則として、不履行によつて契約は當然に效力を失う趣旨、すなわち、失權約款の特約ではなく、解除の意思表示をまつて契約が解消される（但し催告を必要としない）趣旨と解すべきである（大判昭和一〇・一〇・一四新聞三九二〇號五頁、大決昭和一二・七・一〇民一一八八頁）。

六　履行遲滯による解除權の發生と消滅

〔二四一〕 (1)解除權は、原則として、催告期間が滿了した時に發生する。然し、例外として、催告期間內に債務者が履行拒絕の意思を明確に表示したときは、催告期間の滿了をまたずに、その時に、解除權は發生すると解されている（大判昭和七・七・七民一五一〇頁、なお、同昭和三・一二・一二民一〇八五頁も同一の趣旨を含む）。信義則からいつて正當であろうと思う。

〔二四二〕 (2)解除權が發生した後においても、債權者が解除をする前に、債務者が本旨に從つた履行、すなわち、本來の給付に完全な遲延賠償を加えたものを提供したときは、解除權は消滅する（通說・判例（大判大正六・七・一〇民一一二八頁、同大正八・一一・二七民二一三三頁など））。

のみならず、解除權が發生した後にも、債權者はこれを放棄して、本來の給付を請求することができるというべきであろう。スイス債務法はこれを許し、ドイツ民法はこれを許さないこと前述の通りであるが（〔一九三〕・〔一九五〕）、わが民法の解釋として、これを許さずとする理由はあるまい。

〔二四三〕 (3) 然し、これと關連して問題となるのは、解除權が發生した後は、債權者がこれを放棄せず、また債務者が本旨に從つた履行の提供をしない限り、債權者は、いつまでも、本來の給付を請求するか解除權を行使するかの選擇の自由を有するかどうかである。ドイツ民法では、かような問題を生ぜず、スイス債務法は、右のような結果となることを不公平として、催告期間滿了後遲滯なくその意思を表明しなければ解除（または塡補賠償を請求）する權利を失うものとすること、前述の通りである（〔一九五〕・〔一九六〕）。

後に述べるように、債務者は、催告をして解除權を消滅させることができる（五四七條）。然し、債務不履行を理由とする法定解除においては、債務者がそのような催告をすることは稀であろうし、またこの催告權があるからといつて、永い期間を經た後の解除權の行使を是認する理由とはなるまい。のみならず、これまた後に述べるように、解除による損害賠償（塡補賠償）の額は、原則として、解除當時の價格によつて定むべきものとされている（〔三一四〕參照）。從つて、債權者は、最も有利な時期において解除し得ることになる。これらの事情を考えるときは、債權者が解除權を取得した後あまりに永くこれを行使せず、相手方に對して解除權を行使しないものとの信頼を生ぜしめた場合には、もはや解除權を行使し得ざるに至ると解すべきではあるまいか。

なお、法定解除權の一般的な消滅原因は後に述べる（〔二三二〕以下）。

第三　定期行爲に關する特則（五四二條）

〔二四四〕　一　契約の性質または當事者の意思表示によつて、一定の日時または一定の期間内に履行しなければ契約をした目的を達することのできないものを定期行爲という。契約の性質による定期行爲（絶對的定期行爲）とは、例えば、商人が中元として華客に贈與する團扇の賣買（大判大正九・一一・一五民一七九九頁）、酒造用の麴蓋の賣買（大判大正一〇・三・二民三八九頁）、葬儀場に供える花輪の注文などのように、その債權の目的たる給付の客觀的な性質から、一定の日時または一定の期間内に履行しなければ契約をした目的を達し得ないことがわかるものである。また、當事者の意思表示による定期行爲（相對的定期行爲）とは、債權の目的たる給付の客觀的な性質からは右のことはわからないが、債權者の主觀的な動機からいつて、期間内に履行されなければ契約をした目的を達し得ないものである。例えば、結婚式に着用するだけのために必要とするモーニングの注文、海外に旅行する友人に贈るだけの目的でする版畫の購入などはこれに屬する。從つて、この場合には、その動機が相手方に示され相手方がこれを諒解することを必要とする。單に履行期を嚴守すべきことを約束しただけでは足りない（同旨鳩山二二〇頁、末川二三〇頁など、反對田島等四四六頁）。もつとも、期日を嚴守すべき旨を約するだけでなく、期日に履行しなければ直ちに解除し得る旨をも明瞭に約した場合には、――それが單なる希望でなく、確實に約束されている場合なら――債權者の主觀的な動機などは全然示されていなくとも、期日に履行しないことによつて直ちに解除權を生ずることは、もとより當然である。けだし、その場合には、法定解除權の發生について催告がいらない旨の特約があることになるからである（〔二四〇〕參照）。

〔二四五〕 二　定期行爲について債務不履行があれば、直ちに解除權が發生する。

(1)絶對的定期行爲と相對的定期行爲の兩方に適用される(通說)。

〔二四六〕 (2)催告を必要としない。定期行爲においては、履行期におくれた履行は、債權者にとつて全く無價値だからである。もつとも、定期行爲は履行期を過ぎれば履行が不能になると說く學者もある(田島等四四四頁など)。契約をした目的を達せしめるような給付をすることはもはやできない、という意味で、履行が不能になるといつてもさしつかえないかもしれない。然し、定期行爲における履行に遅れた給付が債權者にとつて無價値だといつても、相對的な意味である。絶對的定期行爲においても、期限徒過の直後には、債權者にとつて、なお實益を有する場合も絶無ではあるまい。相對的定期行爲においては、債權者は、意を飜えして、他の用途に當てるために履行を請求しようとすることもあり得るであろう。要するに、定期行爲では、期限の徒過によつて履行不能になるということを强調する必要はないと思う(次段參照)。

〔二四七〕 (3)催告は必要でないが、解除の意思表示は必要である。商法は、商事上の確定期賣買について、履行期を徒過した後に相手方が直ちにその履行を請求しないときは、賣買は當然に解除されたものとみなしているが(五二五條)、民法では、解除の意思表示をすることを必要とする。但し、債權者は、解除をしないで、本來の給付を請求することもできると解すべきである。けだし、定期行爲についても、債權者は履行期後に本來の給付を請求しようと考えることも絶無ではなく(前段參照)、その場合には、これを禁ずべき理由はないからである。もつとも、定期行爲においては、不履行をした相手方も解除されることを豫期する場合が多いであろうから、債權者が本來の給付を請求しようとするなら、相手方の右の豫期を不當に裏切らないようにしなければならない（〔二四三〕参照）。

〔二四八〕 (4)催告以外の要件、すなわち、債務者の責に歸すべき事由によつて履行しないこと、及び履行しないことが違法であること、については、普通の履行遲滯と同樣である。從つて、給付の內容が可分である場合に、その一部が履行期に給付されたときには、原則として、給付されない部分についてだけ解除することができる（〔二二二〕・〔二二三〕參照―前記大判大正一〇・三・三民三八九頁酒造用麴蓋の賣買はこの例）。

第四　履行不能による解除權發生の要件

〔二四九〕 一　履行不能による解除權發生の要件は、債務者の責に歸すべき事由による履行不能があることの一點に盡きる。履行遲滯の場合と異なり、催告は不要であり、解除權發生後に債權者が本來の給付を請求することも考えられず、債務者が給付をして解除權を消滅させるということもあり得ない。要件を輕減する特約も、實際上稀であろう（〔二二四〕參照）。

〔二五〇〕 二　債務者の責に歸すべき事由による履行不能

(1)履行期に履行することが不能なことである。

(イ)解除權發生の要件たる履行不能が後發的不能に限ることは、いうまでもない（〔二一二〕參照）。

(ロ)履行期の到來する前でも、履行期に履行することの不能なことが確定すれば、その時に履行不能の效果が發生する。例えば、請負人が請負工事に着手することを怠り、約束した完成期日までに完成することが、取引界の常識からみて不可能となつたときは、完成期日以前に履行不能となる（大判大正一五・一一・二五民七六三頁（判民一〇四事件我妻評釋））。

（ハ）履行期以後に不能となつた場合にも、その時から履行不能として取り扱つてよいことは前述した（〔二一六〕）。なお、定期行爲は、履行期に履行することが可能であるが履行期の經過によつて履行不能となると一般に說かれるけれども（但し、絕對的定期行爲だけがそうだという說の方が多い）、履行が不能となるという點をとくに强調する必要がないことも前述した（〔二四六〕・〔二四七〕）。

〔二五一〕　(2)履行が不能であること　いわゆる主觀的不能を含まず、客觀的不能に限るが、この標準は、社會の取引觀念によるべきものであることは、すでに述べた通りである（〔一二一二〕、債總〔一九八〕）。賣買契約の解除について特に注意すべきことは、――

（a）履行不能による解除權を取得する者は買主に限り、しかもその實益が比較的少ないことは、前述の通りである（〔一九〇〕）。

（b）特定物の賣買では、賣買の目的物が滅失した場合だけでなく賣主が他人に讓渡した場合には――買主のために假登記があるような特別の場合は別だが（大判大正一一・一二・二民七四二頁）――一般に履行不能となる（大判大正一一・一一・一三民六四九頁（判民九八事件鳩山評釋））。然し、賣買の目的物が第三者から差押えられただけでは、履行不能とはならない（大判大正一〇・三・二三民六四一頁）。

なお、當該債務の履行に必要な免許や許可を得られない場合には、一般に履行不能となる（大判昭和九・一二・二一民二三四九頁）。これに反し、債務者が營業の免許を取り消されまたは營業停止の處分を受けて、將來新たに同種の取引をすることができなくなつた場合には、それだけでは、履行不能となつたとはいえない。取消または禁止處分の內容、債務者の資產狀態、その他の事情を考慮して、當該契約の履行が可能かどうかを決定すべきである（大判昭和三・一〇・四評論一七巻民一一九五頁（原則として履行不能となるとする事例））。

（c）不特定物の賣買では、目的物が特定された後でなければ不能を生じないことはいうまでもない（債總〔四二〕イ参照）。

〔二五二〕 (3)一部不能の場合は、一部の履行遅滞と同様に取り扱う。すなわち、債務の内容が可分であるときは、原則として、不能となつた部分についてだけ解除することができ、不可分であるときには、不能な部分の重要性によつて決する（〔二二二〕・〔二二三〕参照）。

〔二五三〕 (4)履行不能は、債務者の責に歸すべき事由によつて生ずることを要する。

（イ）この點は第五四三條に明言する。ただ、そこでは、債務者の責に歸すべき事由によることを解除權發生の積極的要件とするので、債權者において擧證すべきもののようにみえる。然し、債務不履行の本質からみて、履行遅滞におけると同様に、債務者において責に歸すべからざる事由によることを擧證して責任を免れる（解除權の發生を止める）ことができるだけだと解すべきである（判例・通説、〔四〇〕、債總〔二〇〇〕・〔二〇二〕参照）。

（ロ）責に歸すべき事由の意義は、履行遅滞におけると同様であつて（〔二二〇〕参照）、債權總論に述べた通りである。但し、解除に關しては、債務者が履行遅滞にある間は、不可抗力による履行不能も、なお、原則として、債務者の責に歸すべき履行不能とされることを注意すべきである（債總〔二〇一〕ロ参照）。

〔二五四〕 (5)履行不能が違法なものであることという要件を必要とすることも、履行遅滞におけると同様だといつてよいが、實際上問題となる例は少ないであろう（債總〔二〇三〕参照）。ただ、前段末に述べたように、履行遅滞後は、不可抗力による不能も責に歸すべき事由によるものとする理論を適用する際には、債務者が同時履行の抗辯權を有する場合を除外すべきことに注意しなければならない。

〔二五五〕　三　履行不能が債務者の責に歸すべからざる事由によつて生じた場合にもなお解除權を取得する旨の特約――法定解除權發生の要件を輕減する特約――も有效である。但し、債務者にとつて甚だ不利益なことだから、その特約の存在を認定するには、愼重でなければならないことは、履行遲延の場合以上だといつてよかろう(〔二四〇〕參照)。

〔二五六〕　四　履行不能による解除權は、履行不能の生じたときに發生する。從つて、履行期前に不能となつたときは、履行期の到來をまたずに解除することができる(〔二五〇〕ロ參照)。但し、債權者が、――不能が社會的經濟的觀念だから、必ずしもはつきりしないので、念のためという意味で――催告しても、もちろん、何のさしつかえもない(大判昭和九・一二・二一民二三四九頁)。

第五　不完全履行による解除權發生の要件

〔二五七〕　一　不完全履行による解除權發生の要件として特別に注意すべきことは、履行された不完全な給付が追完を許す場合と、追完を許さない場合とに分け、前者は、履行遲滯に準じて催告をなすことを要し、後者は、履行不能に準じて催告をなすことを要しないとすることである。その他の要件、すなわち、不完全な履行が債務者の責に歸すべき事由に基づき、かつ、違法なものであること、を要する點については、とくに述べることはない。追完を許す場合と追完を許さない場合のそれぞれについて、履行遲滯と履行不能とに準じて考えればよい。追完を許す場合に、催告期間を徒過しても、債權者が解除する前に――追完のために期限に遲れたときは、遲延賠償を含めて――完全な給付をすれば、解除權が消滅することも、履行遅滞におけると同様である（〔二四二〕參照）。

〔二五八〕 二　債務者の責に歸すべき事由による不完全な履行があること

(1)不完全履行とは、債權總論に述べたように（債總〔二一三〕以下）、債務者のした給付が債務の本旨に從わない不完全なものであることを意味する。

（イ）給付が債務の本旨に從うかどうかは、契約の趣旨、取引上の慣行などによつて決せられるが、見本と異なることも不完全履行である。そのうち、（a）追完を許すものとは、債務者が改めて完全な給付をすることによつて契約の目的を達し得るものであり、（b）追完を許さないものとは、改めて完全なものを給付しても、契約の目的を達し得ないものである（債總〔二二〇〕參照）。定期行爲において履行期に給付されたものが不完全であり、期限前に改めて完全な給付をすることがまにあわない場合には、原則として、追完不能となる。

〔二五九〕 （ロ）特定物の給付を目的とする債務については、不完全履行の觀念を入れる餘地がない。けだし、その場合には、たとい債務の目的物にかくれた瑕疵があつても、そのものを給付することだけが債務の目的だからである。從つて、さような場合には、——有償契約ならば——賣主の瑕疵擔保責任（五七〇條・五五九條）の問題となり、不完全履行による解除の問題とはならない。

〔二六〇〕 （ハ）不特定物の給付を目的とする債務については、債權者が一應受領した場合でも、なお不完全履行の問題として取り扱うべきものと思う。但し、判例は、契約の目的物と同種の物が給付され、債權者がこれを受領したときは、瑕疵擔保責任の問題となすべしといい、相當多數の學者の支持を得ている（債總〔二一一四〕・〔二二一〕參照）。賣買の項に述べる。

(2)履行されたものの一部が不完全なものである場合にも、履行遲滯と履行不能とに準じて取り扱う。すなわち、――

〔二六一〕（イ）給付の内容が可分なものである場合に、（a）履行された不完全なものについて追完を許すとき――例えば、給付された木材の一部が粗悪品であるとき――には、原則として、その部分だけについて、完全なものの給付を催告して解除し得ることになる。もつとも、不完全な給付でも受領された後は瑕疵擔保責任の問題となるという前段に述べた判例理論によるときは、買主が受領した後には、完全なものの給付を請求することはできないことになる。その點は後に詳述する。これに反し、（b）追完を許さないとき――例えば、定期行爲で期限内に給付されたものの一部が粗悪品であるとき――には、その粗悪の程度が契約をした目的を達し得ない程度のものであれば、原則として、その部分だけについて、催告をしないで解除することができる（粗悪の程度が重大でなければ損害賠償の請求だけ）。

〔二六二〕（ロ）給付の内容が不可分なものである場合に、（a）追完を許すとき――例えば、製作された物が注文と違う點を含むとき――には、全部について追完を催告し、その瑕疵が重大なものであれば、全部を解除することができる（瑕疵が重大でなければ損害賠償の請求だけ）。（b）追完を許さないとき――例えば、給付された不完全な調査報告書に基づいて鑛山を買收したとき――には、その瑕疵が重大なものであれば、催告せずに全部を解除することができる（瑕疵が重大でなければ右aに同じ）。

三　催告の要否

〔二六三〕 (1)右に述べたように、追完を許さない不完全履行に基づいて解除をする場合には、催告をする必要はない（現時の通説）。解除權は、追完を許さない不完全履行がなされた時に發生する。債務者が何等かの理由によつて履行期前に給付した場合にも同様である（〔二五六〕參照）。

〔二六四〕 (2)追完を許す不完全履行に基づいて解除するには、催告を必要とする。その場合に、（a）不完全な履行が期限前になされたときには、原則として、期限後の相當の期間を定めて追完を催告すべきものと解するのが正當であろう。けだし、債務者が期限前に不完全な履行をしたことを期限の利益の放棄とみるべき場合には、本來の期限とは無關係にその時から相當の期間を定めて催告してよいわけであるが、一般には、期限の利益の放棄とみるべきではないと考えられるからである。（b）不完全な履行が、期限後、債權者が履行遲滯を理由とする催告をする前になされたときは、追完の催告の時から相當の期間を定むべきことはもちろんである。（c）不完全な履行が、期限後、債權者が履行遲滯を理由とする催告をした後、その催告期間滿了の前になされた場合には、原則として、――不完全履行を理由として改めて催告する必要なく――催告期間の滿了によつて解除權を生ずると解すべきである。けだし、遲滯を理由とする催告に應じて完全な給付がなされなかつたわけだからである。但し、その場合にも、不完全の程度がそれほど重大でない場合には、債權者は改めて追完を催告しなければ解除權は發生しないと解すべきであろう。けだし、兩當事者の歩みよりによつて、できるだけ契約を維持し、解除を避けるようにすることが、信義則の要求するところだからである。

第六　事情變更による解除權の發生

〔二六五〕　一　いわゆる事情變更の原則によつて解除權を生ずることは、すでに一言した（〔二一九〕ハ）。

(1)第一次戰爭後、ドイツの學者は、この觀念に正確な規準を與えるために努力し、取引の基礎が缺けること（Wegfall der Geschäftsgrundlage）によつて解除權を生ずるという方式をつくり、取引の基礎という概念の明確化につとめた。そして、第二次戰爭以後にも、學者はなおこれを論じ、判例もこの線に沿つて多くの具體的な基準を明らかにした（Oertmann, Geschäftsgrundlage, 1921 は今日でも權威であるが、その後にもK. Larenz, Geschäftsgrundlage und Vertragserfüllung, 1951 その他多くの論著が公にされているとのことである（Enneccerus, § 41, II 4））。然し、今日まで、定説はなく、ことに具體的な事件の判斷に當つては、なお、すべての事情を考慮し、正義に反した堪えがたい結果をさけるために契約的信義を破ることも止むを得ざるものと考えられる場合、というような抽象的な基準で補充せざるを得ない狀態なように見える。事の本質上當然のことと思われる（Enneccerus, § 41, III; Hedemann, Schuldrecht, 1949, § 17, V）。なお、解除とは直接に關係のないことだが、ドイツでは、第二次戰爭後に、急激に變更した社會的經濟的事情に即應して債務者を保護するために、多くの立法がなされたが、最後に、一九五二年の「裁判官による契約保護法」（Bundesgesetz über die richterliche Vertragshilfe）によつて統一された。この法律は、解除によつて債務者を契約の拘束から離脱させるのではなく、裁判官が、期限の猶豫を與えたり、債務額を切りすてたり、分割拂を命ずることによつて、契約關係を改訂するものである（Enneccerus, § 1, V 3）。事情變更の原則は、單に解除權を發生させるだけでなく、變更した事情に應じて給付內容を修正する効果をも生ずるものであること、すでに述べた通りである（〔二一九〕ハd參照）。然し、實際問題としては、特別の法律によつてその可能性を明らかにすることが一層望ましい。ドイツの立法がそれを企てたことは、注目すべきことである。

〔二六六〕 (2)わが國においては、裁判所は、事情變更の原則を適用して、身元保證契約や當座貸越契約について、解除權の發生を認めた(債總〔六五〕〔六〕參照)だけでなく、借地・借家契約については、地代・家賃の增額を認めた(物權〔四二五〕參照)。そして、その後、この理論は、借地法・借家法・身元保證法・農地法・採石法などに取り入れられた。この判例・學說・立法の推移は、ドイツにおける右の推移に對比して、興味が深い。但し、右の立法のうち、解除權を認めたものは、身元保證法(同法四條)だけである。

〔二六七〕 二 事情變更の原則による解除權發生の要件

事情變更の原則による解除權發生の要件は、前に事情變更の原則の適用される要件として述べたこと(〔二九〕〔八c〕)と全く同一であるが、解除權に關連してやや詳細に述べる。

(1)當事者の豫見せず、または豫見し得ない著しい事情の變更を生じたこと

(a)當事者は、契約を締結する際に、その當時の社會的・經濟的事情を考慮し、かつ、將來における多少の變動を豫期する。しかも、その豫期は、當事者の雙方について同一ではない。ことに、投機的な取引においては、雙方の認識にも豫期にも相當な差異があるのが常であろう。事情變更の原則によつて解除權を生ずるためには、各場合におけるこれらの事情を考慮し、しかも、通常人の豫想を絕した事情の變更を生ずることを必要とする。その變更は、必ずしも急激に生ずることを必要としない。然し、急激であることは、豫見し得ないという要件を成立させるために有力な要素となるであろう。

土地の賣買契約が成立した後、その履行前に宅地建物等價格統制令が施行され、賣買價格の認可を受けなければならなくなり、しかも、その認可に要する期間も判明せず、その上、認可價格が甚だ低いも

のになりそうだという事情を生じたこと（大判昭和一九・一二・六民六一三頁）、大阪市内で、住宅が必ずしも不足しない當時に家屋の賣買契約がなされ、その後その地方一帶の空襲で甚しい住宅難を生じたこと（最高判昭和二九・二・一二民四四八頁の原審大阪高判の認定（但し、他の要件で解除權の發生を否定））などは、この要件を充たす。いずれも急激な事情の變更である。もつとも、戰爭中の家屋の賣買でも、その地方がすでに空襲の危險にさらされていたときには、後に住宅難が甚しくなつても、豫期し得ない事情の變更とはいえない（最高判昭和二九・一・二八民二三四頁）。

（ｂ）保證契約は、信頼關係に立つものだから、この要件を充たす場合が多い（債總前揭參照）。例えば、手形割引契約の債權者が、放恣な貸出しをやるようになつたことも、金融界の常道に反する程度であれば、保證人にとつては、――急激な變更ではないが――豫見し得ない變更である（大判昭和七・一二・一七民二三三四頁）。これに反し、賃借人の賃借料滯納が、その保證人にとつて豫見し得ない著しい事情の變更といえるかどうか。判例には、否定（大判昭和七・一〇・一一新聞三四八七號七頁）と肯定（大判昭和八・四・六民七九一頁、同昭和一四・四・一二民三五〇頁）の例がある。もちろん、各場合の事情によることではあるが、賃借料は最初から一定している點で、貸越契約とは全く異なることに留意して、愼重に決することを必要とする。（債總〔六六三〕參照）

（ｃ）事情の變更は何時までを考慮すべきか。契約締結後、解除をするまでの事情を考慮すべきことはいうまでもあるまい。けだし、契約締結後の事情の變更が累積して解除權を生ぜしめるのだからである。然るに、判例には、解除權發生後の事情を考慮すべきではないというものがある（前出最高判昭和二九・一・二八民二三四頁）。戰時中の甲乙間の家屋の賣買契約において、契約當時には、賣主甲は居住する家屋を別に所有していたが、空襲でその居住家屋を失つて、賣買の目的たる家屋を必要とするようになつたが、反對に、買主乙は、居住のために必要でなくなり、買主たる地位を丙に譲渡したという事案について、甲が居住家屋を失つた時に解除權が發生したと原審がいうのなら、その後に乙が買主たる地位を丙に譲渡した事情は斟酌すべきではないといい、しかも、甲の居住家屋が滅失しただけでは要件として不充分だとして、解除權の發生を否定した。然し、甲の居住家屋が燒失しただけでは解除權の發生要件を充たすに足りないが、さらに、乙がこれを不要とするに至つたという事情が加わつて右の要件を充たすという場合も、もちろんあり得ることであろう。要するに、事情變更による解除權の發生要件としては、變更した種々の事情の累積を綜合的に考慮すべきであつて、一定の時期を畫して、その時期までの事情だけを考えるというものではあるまい。

〔二六八〕 (d)右に反し、事情の變更によつて一度解除權發生の要件を充たしても、解除しない間に、――正確にいえば、第二審の口頭辯論の終結までに――事情が更に變更して、右の要件を充たさなくなつた場合には、解除の主張は許されないというべきである。けだし、信義則からいつて當然だからである。

(2)事情の變更が解除權を取得する當事者の責に歸すべからざる事由によつて生じたものであること　例えば、當事者の責に歸すべき事由によつて資產狀態が急激に惡化しても、みずから解除權を行使し得ないことはいうまでもあるまい。

〔二六九〕 (3)契約の文言通りの拘束力を認めては信義の原則に反した結果となること　この要件は、結局において、要件の中核となるものだから、「契約は守られなければならない」という契約的正義との調和を考えて、愼重に決すべきである。例えば、家屋の賣買において、豫期し得なかつた著しい住宅難となつても、買主が事情のあまり變更しないうちから履行の强制を試みていた場合などはもちろんのこと（最高判昭和二九・二・一二民四四八頁）、賣買契約締結の後に、價格の豫期し得ない暴騰を生じても、賣主の履行遲滯中に生じたものであるときは、原則として、解除權は發生しない（最高判昭和二六・二・六民三六頁）。

〔二七〇〕(4)事情變更の原則によつて解除權を生ずるためには、原則として、催告を必要としない。けだし、履行を强いることが信義の原則に反する場合だからである。ただ、保證契約などで、その事情の變更が相手方の責に歸すべき事由によつて生じたときなどには、相手方に警告を發してその態度の變更を求めることを要件とすべき場合などもあり得るかと思われる。

〔二七一〕三　事情變更の原則による解除の效果

(1)一般には、遡及效を生じ、その效果は普通の法定解除の效果と異ならない。もつとも、繼續的給付を目的とする賣買などでは、事情が變更する以前の契約關係が影響を受けないことは、いうまでもない。また、損害賠償義務を生じないことも當然であろう。

〔二七二〕(2)當座貸越契約・賃貸借契約のような繼續的契約から生ずる債務の保證契約においては、その解除（告知）が將來に向つて效力を生ずるだけであることは、もちろんである。從つて、解除の時までに生じた具體的な保證債務も影響を受けない（判例・通説）。なお、かような解除が一定の解約期間を必要とするかどうかも問題だが、原則として、必要としないと解すべきものと思う（大判大正一四・一〇・二八民六五六頁參照）。

〔二七三〕**第七**　債權者の受領遲滯

債權者の受領遲滯によつて解除權を生ずるかどうかは、受領遲滯の性質をどう解するかによつて定まる。債權者に受領義務なしという前提をとる通説・判例によれば、受領遅滞によつては、解除權を生じない（大判大正四・五・二九民八五八頁（買主の受領遅滞の例）、田島等四三八頁など）。これに反し、債權者に受領義務を認め、受領遅滞をもつて一種の債務不履行となすときは、債務者は、相當の期間を定めて受領を催告して解除することができるといわねばならない（債總〔三四三〕・〔三四八〕參照）。

立法例としては、ドイツ民法は賣買及び請負について受領義務を認めているが（同法四三三條二項・六四〇條一項）、その義務違反が解除權發生の原因となるかどうかは、爭われている。スイス債務法は、物の給付以外の債務を負擔する債務者は、受領遅滞を理由として、——債務不履行の規定に從つて——解除し得る旨を明言する（同法九五條）。それぞれの契約について再説することにする。

なお、雙務契約においては、受領しない債權者は、多くの場合に、自分の負擔する債務の履行をも怠つているであろうが、その場合には、履行遅滞を理由として解除權の發生を考えれば充分であつて、とくに受領遅滞を理由とする解除を問題とする必要がない。從つて、受領遅滞だけを理由として解除權の發生を認めねばならぬ場合は、實際にはそれほど多くはあるまい。

さらに、當事者がとくに受領義務を特約した場合には、受領遅滞は、原則として、解除の原因となることは、通説・判例も認めている（田島等四三九頁、大判大正一一・一一・一新聞二〇七〇號一七頁（清酒を受領すべき特約ある買主の受領遅滞を理由とする、但し、代金の支拂につき遅滞がないのかどうかは不明））。

第二項　法定解除權の行使

第一　法定解除權の行使は形成權の行使である。

〔二七四〕　**一**　法定解除權も約定解除權も形成權であつて、その行使については、何等異なるところがないが、ここには、主として法定解除權を念頭において說明する。

〔二七五〕　(1)解除權の行使、すなわち、解除は、相手方に對する意思表示によつてこれをなす(五四〇條一項)。

(イ)相手方とは、解除される契約の相手方の意味だが、債務不履行を理由とする法定解除においては、債務不履行の責任を負う債務者である。なお、この債務者に對する債權が讓渡された場合には、讓受人は、——債務をも含めて契約上の地位を承繼しない限り、——解除權を有せず、最初の契約當事者(債權の讓渡人)が解除權を有する。もつとも、解除によつて讓受人の債權は消滅するから、解除をするには讓受人の同意を要するとなすのが判例である(大判昭和三・二・二八民一〇七頁)が、當否甚しく疑問である(同上判決評釋判民一一事件(宮崎)參照)。なお第三者のためにする契約の解除については前述した(〔一七〇〕〔一八〇〕イ・)。

〔二七六〕　(ロ)解除の意思表示は相手方に到達した時に效力を生ずることも當然である(九七條)。

〔二七七〕　(ハ)訴訟を提起することによつて解除をなすこと、——例えば、解除による原狀回復と損害賠償の請求をする訴によつて解除をすること——及び、相手方の履行請求の訴に對する抗辯として解除をすること、ともに、もとよりさしつかえがない。

〔二七八〕　(2)解除の意思表示は、これを取り消すことを得ない(五四〇條二項)。この取消というのは、撤回の意味である。無能力や詐欺强迫を理由とする取消は、制限を受けない。撤回を禁じたのは、解除の意思表示によつてその效果(契約の遡及的解消)を生じ、相手方もそれを信賴するからである。從つて、相手方の承諾があれば、撤回することができる。もつとも、この撤回の效果は第三者に對抗することはできない。

〔二七九〕　(3)解除の意思表示には、條件や期限を附することができないと解されている。期限を附することは、遡及效のある解除については、無意味だからである。また、條件を附することは、相手方を不當に不利益な地位に陷しいれるからである（相殺には明文がある、五〇六條一項但書（債總〔四九二〕參照））。從つて、とくに債務者の不利益を增さない條件を附することはさまたげない。例えば、催告と同時に、催告期間內に履行しないときは、——改めて解除の意思表示をせずに——當然解除されるというのは、催告期間內の不履行を停止條件とする解除の意思表示だが、有效であつて（通說・判例）、實際上その例が非常に多い。

〔二八〇〕 二　解除の意思表示は、解除權が發生してから、その消滅前にしなければならないことはいうまでもない。解除權の一般的な消滅原因は、後に述べるが、履行遲滯による法定解除權については、催告期間滿了後の完全な提供によつて消滅すること（〔二四二〕參照）、あまりに長く解除權を行使しないと信義則上行使し得なくなる場合もあり得ること（〔二四三〕參照）などの點にとくに注意を要する。

第二　解除權の不可分性

〔二八一〕 一　契約の當事者の一方が數人ある場合には、その數人ある當事者の方で解除するときにも、この數人ある當事者に對して相手方が解除する場合にも、それぞれ、全員から、または全員に對して、解除しなければならない（五四四條一項）。これを解除權不可分の原則という。

〔二八二〕 (1)契約の當事者の一方が數人ある場合の最も普通の例としては、數人が共同して一個の物を買う場合、數人の共有に屬する物を共有者全員で賣る場合、數人が共同してある仕事の完成を請負つた場合などが考えられる。かような場合には、數人の者の負擔する債務は、連帶債務であつたり、不可分債務であつたりするのが普通であるが、分割債務である場合もないではないであろう（債總〔五五二〕參照）。然し、そのいずれの場合にも、解除は、全員から、または全員に對して、なされねばならない。けだし、解除權不可分の原則を認める理由は、そうしないと、單に法律關係が複雜になるだけでなく、普通の場合の當事者の意思にも反するからである。例えば、前に擧げた例で、數人が共同して請負つた場合には、請負人の仕事完成債務は不可分債務となるのが常であろうが、それを怠つているために注文者の方で解除するときにも、注文者が代金を支拂わないために請負人の方から解除する場合にも、數人の請負人のうちの一部の者との間の契約關係だけを解除し、他の者との關係では本來の給付を請求する權利を存續させることは、——解除とならない請負人だけで仕事を完成し、その上で內部關係に基づいて清算するとしても、——法律關係は極めて複雜となる。これに反し、數人の共有に屬する物の賣買においては、各共有者の持分權の移轉は可分であり、代金もそれに應じて分割し得る場合が多いかもしれない。また、數人が共同して一個の物を買う場合にも、代金債務は分割債務となることが多かろうし、目的物もそれに應じて分割的に給付することは必ずしも不可能ではないかもしれない。從つて、かような場合には、數人の當事者のうちの一部の者との間だけに解除を認めても、法律關係は、必ずしも複雜となるとはいえない。然し、その場合でも、そうした解除を認めることは、おそらく、普通の場合の當事者の意思に反するであろう。

〔二八三〕　(2) 然し、解除權を不可分とする規定は、强行規定ではない（通說）。從つて、當事者の特約で、これを排除することはできる。のみならず、數人の當事者について、各自の負擔する債務も、——雙務契約の場合には——各自の受領すべき反對給付も數量的に一應定まつている場合、——例えば、數人の山林所有者が共同して一定數量の木材を給付すべき賣買において、各自の給付すべき數量が一應定まつている場合、――などには、分割的な解除を認める默示の特約があるといえないこともあるまい。

〔二八四〕 (3)當事者の一方が數人ある場合に、(a)それらの者の負擔する債務が連帶債務である場合には、一人に對する履行の請求は全員に對してその效力を生ずる(四三四條)。しかし、それらの者との間の契約を解除するには、全員に對する解除の意思表示を要する。催告と同時に停止條件付解除をする場合(〔二七九〕參照)は、やや疑問だが、やはり別個に全員に對する解除の意思表示を要すると解すべきであろう。けだし、解除は、履行遲滯の效果ではあるが、なお獨立の法律要件だからである(債總〔五八七〕・〔五八八〕參照(第二〇刷で訂正))。

右に反し、(b)數人の者の負擔する債務が分割債務である場合はもちろんのこと、不可分債務である場合にも、全員に對して催告し、全員に對して解除の意思表示をしなければならないことはいうまでもない(四三〇條、債總〔五六四〕・〔五七四〕以下參照)。

〔二八五〕 (4)當事者の雙方が數人ある場合にも、解除が不可分であることはいうまでもない。民法の規定は、當事者の一方だけが數人ある場合でも、という意味である。

〔二八六〕 (5)全員に對するまたは全員からの解除の意思表示は、同時になされることを必要としない。時を異にしてなされてもよい。解除の意思表示が全員に對して到達した時、または全員からの解除の意思表示が到達した時に、效力を生ずる(通說・判例(大判大正一二・六・一民四一七頁―數人の買主が手附を放棄して解除する事例))。

〔二八七〕 二 當事者の一方が數人ある場合に、解除權が、そのうちの一人の者について消滅したときには、他の者についても消滅する(五四四條二項)。

(1)解除權を不可分とするときは、一人の者について解除權消滅の原因が生じても、そのまま效力を認めることはできない。全員について消滅しない限り解除權は存續するとするか、一人について消滅すれば全員について消滅するとするか、いずれかにしなければならない。地役權の不可分性におけると同様である。そして、民法は、地役權の場合とは反對に、解除權は全員について消滅すると定めた。解除權を存續せしめることを欲しない態度である(物權〔四八三〕參照)。

〔二八八〕(2)數人の當事者のうちの一人について解除權が消滅するとは、一人の者の有する解除權と一人の者に對する解除權とを含む。消滅の原因はこれを問わない。放棄を含むとするのが通說である。

第三項　法定解除の效果

第一　概說

〔二八九〕一　解除の效果は、契約をはじめから法律要件たる效果をもたなかつたものとすること(契約の遡及的失效)である。但し、民法は、解除してもなお損害賠償を請求することができるものとしたのだから(五四五條三項)、――そして、この損害賠償請求權の性質に關しては、學說上爭いはあるが、後に述べるように債務不履行による損害賠償と解すべきであるから(後の〔三一一〕參照)、――解除の效果として契約は遡及的にその效力を失うという右の理論には、大きな制限が加えられることになる。

左に解除の效果の大綱を列記する。

〔二九〇〕(1)解除をした當事者(債權者)が、その契約によつて、相手方に對して債務を負擔している場合に、まだそれを履行していないときは、履行する義務を免れる。けだし、債務は遡及的に消滅するからである（鐵材の賣主または買主が履行前に解除した場合、前掲〔一八六〕・〔一八八〕を想起せよ）。

〔二九一〕 (2)右の當事者が、解除前に、すでに履行しているときは、その返還を請求することができる（鐵材の賣主または買主が履行後に解除した場合、前掲〔一八七〕・〔一八九〕を想起せよ）。けだし、債務がないのに履行したことになり、相手方の受領したものは、不當利得となるからである。そして、この義務は解除の原状回復義務と呼ばれる。

〔二九二〕 (3)右の當事者が、債務者から、解除前に、すでに一部の履行または不完全な履行を受けているときは、これを返還しなければならない。けだし、この範圍では、相手方の債務も遡及的に消滅し、解除した者がこれを保留することは、同じく不當利得となるからである。そして、これも解除の原状回復義務の一部である。

〔二九三〕 (4)債務者の責に歸すべき事由によつて履行不能を生じたときは、債權者の請求權は、解除をしなくとも、塡補賠償請求權に變ずる。そこで債權者がその履行不能を理由として契約を解除すると、債權者は、塡補賠償請求權を失うように考えられる。けだし、解除は契約の効力を遡及的に消滅せしめるという理論を貫けば、塡補賠償請求權に變じた債權そのものも消滅するはずだからである。然し、民法は、解除の遡及效の範圍を制限して、塡補賠償請求權は消滅しないものとした、と解すべきである。この場合にも、解除した債權者の債務は消滅するから、まだ履行しないときには、履行する義務を免れ、すでに履行したときには、その返還を請求することができる。そして、義務を免れまたは返還を請求することによつて得る利益は、塡補賠償から——損益相殺（債總〔二〇七〕參照）の理によつて——差し引くことになる。

もつとも、解除をする債權者の負擔する債務が金錢の支拂である場合（例えば買主）には、解除をしないで、自分の給付すべき債務額と塡補賠償請求額とを相殺しても同一の結果となる（前掲〔一九〇〕の例を想起せよ）。然し、民法は、履行不能を法定解除權發生の原因としているのだから、同じ結果となるにしても、當事者は、解除をするとしないとの自由を有するといわねばならない。なお、ここには賣買を例にして説明しているのだが、債權者も金錢以外のものを給付する債務を負擔する契約（例えば交換）においては、履行不能を理由とする解除は、賣主が解除をする場合と同様の意味をもつことはいうまでもあるまい。

〔二九四〕　(5)債務者が履行遲滯に陷いったときには、債權者は、本來の給付と遲延賠償とを請求することができるわけだが、債權者がこの履行遲滯を理由として契約を解除すると、本來の給付と遲延賠償を請求する權利の代りに、塡補賠償を請求する權利を取得する、と解すべきである。けだし、解除は、本來の給付を請求する權利を失わしめるが、損害賠償を請求することは妨げないというのは、あたかも右のような關係を示すものというべきだからである。

〔二九五〕　二　以上にのべた解除の效果は、直接效果説（解除の效果は契約の遡及的消滅であり、未履行の債務を免れるのも、既履行のものの返還請求權を生ずるのも、その結果であるとする説）と呼ばれるものである。この他に、間接效果説と折衷説とがある。簡單にいえば、間接效果説は、解除によって、未履行の債務については、履行を拒絶する抗辯權を生じ、既履行のものについては、新たに返還債務を生ずると説く。また、折衷説は、未履行の債務については、解除の時から債務が消滅し（遡及効を認めない點で直接效果説と異なる）、既履行のものについては、新たに返還債務を生ずる（間接效果説に同じ）と説く。ドイツ民法の解釋として爭われている（直接效果説が通説）。わが民法の解釋としても多少の爭いがあるが、ほとんどすべての學者（鳩山一九八頁、末川一九六頁、田島等三五七頁など）及び判例(大判大正六・一〇・二七民一八六七頁、大正七・一二・二三民二三九六頁その他多數)は直接效果説である。もつとも、直接效果説をとる者のうちにも、この理論を貫くと、債務不履行による損害賠償請求權の存續を認めることができないとして、この點だけについて、――通説のように直接效果説の制限とみないで――異説を唱える者もある。すなわち、一種の信頼利益の賠償請求となし(石坂二三三一頁以下、石田「財産法における動的理論」四三四頁以下)、または、原狀回復の不能な場合の實現の一方法と説く(勝本債權總論概説六二二頁)。さらに、原狀回復義務が不當利得の返還義務と範圍を異にすることをも理由として、解除によつて契約が遡及的に失效するという直接效果説の考え方自體を排斥し、解除によつて「契約關係は原狀回復の債權關係と債務不履行損害賠償請求權との結合に、同一性をもちつつ轉換する」と説く者もある(山中「解除論」志林四八巻二・三號、四九巻二號)。然し、直接效果説が最も簡明であつて、民法の趣旨にも適する。債務不履行による損害賠償請求權だけは殘るとすることをそれほど理論的矛盾だと非難する必要はないと思う(後の〔三一一〕參照――山中説は示唆に富むが、自説の根據は甚だ難解である、但し、結果は通説と大差がないように見える)。

第二　契約から生じた法律效果の遡及的消滅と原狀回復

〔二九六〕　一　法律效果の遡及的消滅

(1)解除された契約自體から生じた法律效果は、――債權と債務だけでなく、處分的效果も――解除によつて遡及的に消滅する。

(イ)當事者の負擔する債權も債務も消滅する。解除の相手方が解除者に對して有する債權を讓渡した場合でも、解除者がその債權を讓渡した場合でも同樣である。もつとも、前の場合には、解除と第三者との關係が多少問題となるが、後に述べる(〔三〇九〕)。また後の場合には、讓受人の同意を要するかどうかが問題とされることは前述した（〔二七五〕）。

〔二九七〕（ロ）契約によつて、――特定物の賣買におけるように――物權の移轉を生じたときには、その契約の解除によつて物權は當然に復歸する（大判大正一〇・五・一七民九二九頁その他、（物權〔八七〕1參照））。また、契約によつて、――特定の債權の賣買におけるように――債權が移轉した場合にも同樣である（大判明治四五・一・二五民二五頁その他）。但し、前者においては、登記・引渡等の移轉が原狀回復義務として殘り（後の〔三〇七〕參照）、後者においては、債權證書の移轉などが原狀回復義務として殘る。そして、いずれの場合にも、第三者との關係で對抗要件の問題を生ずる（後の〔三一〇〕參照）。

〔二九八〕(2)解除される契約によつて消滅した權利及び解除によつて消滅する債權の存在を條件として消滅した債權は復活する。

（イ）更改契約が解除されたときは、舊債務は復活する。例えば、甲乙間の契約で、乙の負擔する特定物の引渡を目的とする債務を一定の金額を支拂う債務に切りかえる更改契約をした後に、乙の債務不履行を理由として更改契約が解除されたときは、特定物の引渡を目的とする債務は復活する（大判昭和三・三・一〇新聞二八四七號一五頁）。もつとも、判例は、乙丙の甲に對する債務を、三人の契約で、乙一人が負擔することにした更改契約が乙の不履行によつて解除された事例においては、丙に對する債務は復活しないという（大判大正五・五・八民九一八頁）。然し、更改契約について解除を認める以上、前の場合（當事者間の更改契約）と區別すべきではないであらう（後の〔三〇九〕參照―なお解除契約の場合には異なることにつき後の〔三四七〕參照）。また、債權の一部を免除する趣旨を含む和解契約が解除されたときは、和解契約で免除された權利は復活する（大判大正一〇・六・一三民一一五五頁）。

もつとも、前に述べたように、更改契約や、相殺・免除を目的とする契約のように、履行という觀念を残さない契約について、債務不履行を理由とする法定解除權を生ずる餘地がないと解するときは（〔二一〇九〕参照）、右のような結果は、法定解除の効果とすることはできない。然し、これらの契約についても、約定解除權を保留することはできるのであり（〔二一〇〕参照）、そして、約定解除權の行使による解除の効果には、民法の解除の規定を適用すべきものであるから（〔二一一〕参照）、右の効果を判例に従つて一應ここに検討したわけである。なお、右に擧げた諸判決のうち、昭和三年（當事者間の更改契約の解除）と大正十年の判決（債務免除契約の解除）とは、ともに、約定解除權の事例であり、大正五年の判決（第三者を含めてなされた更改契約の解除）だけは、法定解除權の事例である。そして、大正五年の判決が昭和三年の判決とやや矛盾する趣旨を含むのは、或いは、後者が約定解除であるのに對し、前者は債務不履行を理由とする解除の主張だからかとも考えられる。然し、兩判決を検討すると、その差異はそこにあるのではなく、むしろ、第三者に對する關係を考えているもののようである（〔三〇九〕参照）。

〔二九九〕（ロ）解除によつて消滅する債權が解除以前に相殺によつて消滅した場合には、相殺は無効となり、他の債權は復活する。例えば、賣主甲が代金債權をもつて、自分が買主乙に對して負擔する貸金債務と相殺した後に、乙が賣買契約を解除するときは、乙の甲に對する貸金債權は復活する（大判大正九・四・七民四五八頁（乙が同時履行の抗辯權を有するときは相殺はできないが、そうでないときはできる。もつとも事案は、五六七條の解除である））。

二　原状回復義務

〔三〇〇〕(1)契約が解除されたときは、各當事者は、「相手方ヲ原状ニ復セシムル義務ヲ負フ」（五四五條一項本文）。この原状回復義務は、不當利得返還義務の性質を有する。けだし、すでにしばしば述べたように、解除によつて各當事者の負擔する本來の給付をなすべき債務は消滅し、各當事者がその債務の履行として受領したものは、法律上の原因を缺く受益となるからである。この理論構成は、すでに述べたように(〔二九五〕)、いわゆる直接效果說によるものであつて、わが國の多數說の認めるところであり、判例も大體この理論に從つていると解してよいと思う。

もつとも、不當利得は、受益者の受益を返還する制度であるのに反し、解除の原狀回復は、相手方(損失者)を契約がなかつた時の狀態に回復するのだから、兩者の標準が異なるということを理由として、不當利得返還とは本質を異にすると主張する學者もある(田島等四六六頁、末川總論二三七頁など)。然し、解除の原狀回復義務も法律上の原因がなくなることの效果である點では、不當利得と同一なのだから、強いて不當利得と本質を異にするという必要はあるまい。解除について不當利得の一般規定以上の返還義務を認める必要があるなら、不當利得の特別の場合だと說明すれば充分であろう。

〔三〇一〕 (2)解除による原狀回復義務の性質が不當利得返還義務だとすると、本來の給付を履行する債務とは別箇の債務となる。然し、兩者の關係は場合によつて決しなければならない。

(a)解除された契約が商行爲であるときには、原狀回復義務も商事性を帶びる(大判大正五・七・一八民一五五三頁(法定利率に關する))。

(b)債務者の本來の債務の保證人の責任は、原則として、原狀回復義務には及ばず(大判明治三六・四・二三民四八四頁)、保證契約の趣旨がそれをも含むものである場合にだけ例外(大判昭和六・三・二五新聞三二六一號八頁)とすることが判例であるが、むしろ原則と例外とを逆にする方が當事者の普通の意思に適すると思う(債總〔六五一〕參照)。

(c)原狀回復義務は、本來の債務とは別箇のものであることを理由として、その消滅時效は解除の時から進行するものとされている（大判大正七・四・一三民六六九頁）。然し、この點について疑問のあることは、後に述べる（〔三二九〕）。

〔三〇二〕 (3)原狀回復義務の範圍は、前に述べたように、不當利得返還義務に關する一般原則と解除に關する特則とによつて定める。

（イ）解除をした債權者がすでに物を給付した場合には、——

（a）原物が存在すれば、その物の返還を請求することができる。その物が債務者の許において滅失・毀損したときに關しては、說が分れている。その滅失・毀損が債務者の責に歸すべからざる事由による場合にも、なお解除當時の價格で返還すべきものとする說も少なくない（不當利得でないとする說（〔三〇〇〕參照）は多くそう主張する（末川二四三頁、田島等四八〇頁等）、然し、不當利得とする說にもそういうものがある（鳩山二三四頁））。然し、債務者の責に歸すべき事由に基づく場合に限るのが妥當だと思う。いかに債務不履行の責任ある者とはいえ、責に歸すべからざる事由についてまで責任を負わせることは公平でないからである。同樣に、果實も、債務者の責に歸すべからざる事由によつて滅失毀損したものを返還する義務はないと解すべきである。

債務者が目的物を利用したときは、その使用による利益を返還しなければならない（大判昭和一一・五・一一民八〇八頁（家屋の買主が引渡を受けて居住した後に、代金の割賦拂を怠つて解除された事例））。

債務者が、その物について、必要費を支出したときは、その全額、有益費を支出したときは、債權者の選擇により、その額または現存の增加額を、債權者において償還すべきである。

〔三〇三〕 （b）債權者のした給付が勞務その他無形のものである場合には、解除當時におけるその客觀的な價格を返還すべきである。

〔三〇四〕（c）債務者の受けた金錢には、受領の時から利息をつけて返還しなければならない。この點については明文がある（五四五條二項）。

〔三〇五〕（d）以上述べたように、債權者（解除をした者）が給付したものについての原狀回復義務の範圍に關し、そのものが原物で返還することのできない場合について、議論がわかれている。然し、解除が最もしばしば問題となる賣買についていえば、目的物の全部または一部を給付した賣主が解除する場合なのだから、目的物自體の返還を請求することができないときには、解除をせずに、代金請求權を行使すればよいのであつて、實際上はあまりとりたてていう必要がないであろう。

〔三〇六〕（ロ）債權者（解除をした者）が、解除前に一部の履行を受けていた場合には、それを返還しなければならない。

（a）すでに履行された目的物が債權者の許で滅失・毀損したときには、いかなる範圍で價格返還の義務を負うかは、——結局において、その損害賠償請求額と差引計算をすることになるから——重要な意義をもつ。そして、この場合について考えると、——滅失・毀損がその責に歸すべき事由によつて生じたときには、解除權を失うが（五四八條〔三一二〕以下參照）、そうでないときには解除權を失わないから、解除することができるわけであるが、その場合に、——債權者の責に歸すべからざる事由によつて滅失・毀損したものについても價格返還の義務を負うものとすることは、債權者にとつて酷であろう。例えば、木材の賣主が契約の目的を達し得ないような粗悪品を給付した後に、買主が解除した場合に、その木材が買主の許で不可抗力によつて滅失したときにも、價格返還の義務を負うものとすることは、妥當ではあるまい。
(b)債權者が代金の一部を受領した後に解除したような場合には、受領の時から利息を附すべきことはいうまでもない(大判昭和一一・五・一一民八〇八頁)。

〔三〇七〕 (ハ)解除によつて所有權や債權の復歸を生ずる場合にも、すでになされた登記の抹消(移轉登記の請求權はない、物權〔一三六〕參照)、復歸する債權についての通知(大判明治四五・一・二五民二五頁(讓受人すなわち解除された者からの通知を要す))など、原狀回復に必要な行爲をなすべきことはいうまでもない。

三　解除による遡及效と第三者

〔三〇八〕 (1)解除による遡及效は「第三者ノ權利ヲ害スルコトヲ得ズ」とされる(五四五條一項但書)。前述のように、解除の效果として、解除された契約によつて生じた物權または債權の移轉などのような處分的な法律效果も遡及的に效力を失うものとすると、第三者が不測の損害を受けるおそれがある。例えば、家屋の買主乙が目的物を第三者丙に讓渡した後に、賣主甲が賣買を解除すると、目的物の所有權は乙に移轉しなかつたことになるから、丙もまた乙から取得しなかつたことになる。民法はこの不都合を避けて第三者を保護するために、解除の遡及效に制限を加え、第三者丙の權利に影響を及ぼさないものとしたのである。

もつとも、物權の變動についていわゆる無因主義をとり、右の甲乙間の賣買契約によつては、買主乙は、賣主甲に對して、目的物の所有權を移轉すべき旨を請求する債權を取得するに止まり、所有權の移轉はその債務の履行としてなされる所有權移轉契約(物權契約)によつて生ずるものであり、しかも兩契約の間には、原則として、因果の連鎖なしとする學說によるときは、賣買契約が解除されても、乙は、目的物の所有權を甲に移轉する債務を負擔するだけで、所有權が乙に移轉しなかつたことにはならない。從つて、第三者丙の所有權取得は、解除によつて影響を受けないのは當然のことであり、第五四五條一項但書は注意的な規定に過ぎないことになる（例えば鳩山二三八頁參照）。然し、そう解すべきものでないことは、物權法に述べた通りである（物權〔八〇〕參照）。

〔三〇九〕 (2) 解除の影響を受けない第三者とは、解除された契約から生じた法律效果を基礎として、解除までに、新たな權利を取得したものである（九四條二項や九六條三項の第三者の意味に同じ（總則〔三一四〕2・〔三二八〕2參照））。契約の目的物の讓受人や目的物の上に抵當權・質權などを取得した者――但し、對抗要件を備えた者でなければならないことはいうまでもない（大判大正一〇・五・一七民九二九頁）――は、第三者であるが、解除によつて消滅する債權そのものの讓受人は第三者ではない（大判明治四二・五・一四民四九〇頁、同大正七・九・二五民一八一一頁）。

更改契約について――解除權が留保されて――解除された場合に關して疑問のあることは、前に略述した（〔二九八〕）。再說すれば、更改契約によつて消滅した債權關係の當事者と新たに成立した債權關係の當事者とが同一人である場合、――例えば、甲乙間の特定物移轉を目的とする債務を甲乙間で一定の金額を支拂う債務に更改した場合――には、更改契約の解除によつて舊債務が復活することは、判例も認める（大判昭和三・三・一〇新聞二八四七號一五頁）。これに反し、消滅した舊債務關係の當事者のうちに、新たに成立した債務關係に關與していない當事者がある場合、――例えば、乙丙二人の甲に對する連帶債務を三人の更改契約で乙の甲に對する債務とした場合――には、更改契約が解除されても、その關與していない債務者（右の例の丙）に對する債權は、――丙は解除された債務關係の第三者だから――復活しないとするのが判例の趣旨かと推測される（大判大正五・五・八民九一八頁參照）。然し、そうだとすると、正當ではないと思う。けだし、丙は解除される更改契約そのものの當事者であつて、第三者ではないからである。さらに、債務者の交替による更改契約が舊債務者を加えないでなされた場合――例えば、乙の甲に對する債務を甲と丙との更改契約で丙の甲に對する債務とした場合（債總〔五二二〕參照）――に、甲丙間の更改契約が解除されたときにも、乙の甲に對する債務は復活するといわねばなるまい。けだし、乙が債務を免れたのは、甲丙間の更改契約によつて丙の債務が成立することとの直接の効果なのだから、その更改契約が解除されて丙の債務が成立しなかつたことになれば、乙の債務も消滅しなかつたことになるはずだからである。

〔三一〇〕 (3)解除の遡及效が第三者の權利を害し得ないという制限は、もとより、解除前の第三者に對する關係をいうに過ぎない。解除された後の第三者との關係は、對抗要件の問題として解決すべきである。例えば、賣主甲が買主乙に目的物を引き渡しまたは移轉登記をした後に解除をし、引渡または登記の抹消をしないでいる間に第三者丙が乙からその物について權利を取得した場合には、甲は、所有權の復歸をもつて丙に對抗することはできない（大判昭和一四・七・七民七四八頁判民五二事件内田評釋參照）。その關係は、取消による物權の復歸の場合と同樣である（物權〔一一二〕b參照）。

第三　解除による損害賠償の請求

〔三一一〕 一　「解除權ノ行使ハ損害賠償ノ請求ヲ妨ゲズ」（五四五條三項）。

(1)すでにしばしば述べたように、解除は、契約當事者、ことに解除をなす者をして、その債務を免れさせること――そしてすでに給付したものがあるときは、その返還を請求することができること――に大きな實益を有する制度であることは疑いない。然し、解除をなすものは、それだけでは、相手方の債務不履行によつて蒙る損害を償うに足りない場合が多い。第五四五條三項は、その損害の賠償を請求することを認める趣旨である。從つて、その性質は、債務不履行による損害賠償請求權であつて、解除の遡及效にもかかわらずなお存續するものと解すべきである。近時の通說である（スイス債務法と同樣に消極的契約利益の賠償と解する少數の說もあることにつき〔一九五〕參照）。判例は、以前には、債權者を保護するために政策的に認められるものといつたことなどもあるが（大判大正六・一〇・二七民一八六七頁など（判民大正一〇年度七八事件我妻評釋參照））、その後には、大體において、債權者を保護するために債務不履行の責任が殘存するものだと解している（大判昭和八・二・二四民二五一頁、同昭和八・六・一三民一四三七頁など）。

解除が遡及的に契約の效力を失わしめる制度だとしても、法律がその範圍を制限することは、もとよりさしつかえない（フランス學者の態度につき〔一九八〕參照）。民法が損害賠償の請求を「妨ゲズ」といつている文言も右の解釋に適する。のみならず、立法論としても正當な態度であつて（前掲〔一八六〕—〔一九〇〕の設例參照）、解除と履行利益の賠償請求權とを兩立しないものとしているドイツ民法やスイス債務法の態度がむしろ諒解するに苦しむものであることは、前に詳述した通りである（〔一九四〕・〔一九六〕）。

〔三一二〕　(2)解除の際の損害賠償の請求が債務不履行を理由とするものとすれば、賠償責任を負う者は、多くの場合、解除された相手方である。然し、例えば、最初に賣主が提供したにも拘わらず買主が履行せずに遲滯となり、ついで、買主が遲延利息を附して提供したが、賣主が履行しないか、または賣主の責に歸すべき事由によつて目的物が滅失したので、買主が解除したような場合には、買主の遲延賠償義務は殘存すると解すべきものと思う（同旨鳩山二四四頁、大判明治四四・一〇・一〇民五六三頁は反對）。

二　損害賠償の範圍

〔三一三〕 (1)相手方の履行不能を理由として解除した場合には、履行に代る損害賠償（塡補賠償）額から、解除をした者が債務を免れまたは給付したものの返還を請求し得ることによつて得る利益を差し引いた（損益相殺）（債總〔一七五〕參照）殘額が、解除によつて償われない賠償請求額であることは明らかであろう（〔二九三〕參照）。

相手方の履行遲滯を理由として解除した場合にも、その理は右と異ならない。けだし、前に一言したように、解除によつて本來の給付を請求することをあきらめて、しかも、契約が履行されたと同樣の償いを得ることができるようにしようというのが民法の趣旨だとすると、その賠償請求の額は、右の範圍に歸着すべきだからである。いいかえれば、履行遲滯を理由として解除された場合の損害賠償請求額は、遲延賠償を塡補賠償に變更し、それから、解除をした者が自分の債務を免れまたは給付したものの返還を請求することによつて得る利益を差し引いた殘額である（〔二九四〕參照）。

履行遲滯にある債務者が金錢の給付をなすべき者（買主）である場合にも、その理を異にしない。もつとも、この場合には、これまたすでにしばしば述べたように、本來の給付と塡補賠償請求權とは、ともに金錢の給付であり、その額にも差異がない。從つて、解除をする者は、自分の債務を免れまたはすでに給付したものの返還を請求し得ることによる利益と、相手方から請求し得る本來の給付プラス遲延利息との差額を請求するといつても結果は異ならない。然し、さればといつて、この場合だけ本來の給付（代金）を請求する權利が存續するという必要もないであろう。

〔三一四〕 (2)塡補賠償額を算定する標準は、抽象的にいえば、契約が履行されたと同樣の利益――履行期に履行されて、債權者の手に入ったと同様の利益——であって、債務不履行の一般原則に従う（債總〔一六六〕以下參照）。解除に關して主要な點を列記すれば、——

（イ）履行期と、解除の時と、損害賠償請求の時の三つの時期において、目的物の價格に變動があるときには、（a）原則として、解除の時の價格（その時の時價）を標準とする。判例は、以前には、損害賠償請求の時までの最高價格を請求し得るものとしたが（大判明治三九・一〇・二九民一三五八頁、大判大正一一・六・五民二八三頁（判民四一事件平野評釋參照））、後に次第にこれを改めた（大判大正一〇・三・三〇民六〇三頁（判民四七事件平野評釋）、同大正一三・五・二七民二三二頁（判民四八事件鳩山評釋））。最高裁判所も、原則として、解除の時を標準とすべしと判示している（最高判昭和二八・一〇・一五民一〇九三頁（標準時は解除の時であって履行期ではない）、同昭和二八・一二・一八民一四四六頁（同上））。

〔三一五〕（b）然し、解除をした買主がこれを他に轉賣する契約をしている場合には、原則として、轉賣價格による。解除の時の時價が、轉賣價格よりも騰貴していてもそうである（大判大正一〇・三・三〇民六〇三頁、同昭和二・七・七民四六四頁）。下落していても、やはり轉賣價格によるのを原則とすべきである。但し、轉賣價格が解除の時の時價よりもあまりに高いときは、特別の事情のない限り、時價による（大判昭和四・四・五民三七三頁）。

〔三一六〕（c）なおまた、價格が下落し續ける場合に、賣主がまず解除し、これを他に賣却することに努めたが、賣却した際には、一層下落したという場合、または、反對に、價格が高騰し續ける場合に、買主がまず解除し、他から購入することに努めたが、購入の際には一層騰貴したという場合などには、その事情が取引界の常道に反しないものである限り、解除の時の時價によらず、實際の値段によるべきことは、當然であろう。判例もまたこの趣旨を明らかにしている（大判大正五・一〇・二七民一九九一頁（値下りの事例）、同大正七・一一・一四民二一六九頁（値上りの事例））。

〔三一七〕（d）履行期以後解除までの間に、目的物の價格が一度騰貴し、さらに下落した場合（買主が解除するとき）や、反對に一度下落してさらに騰貴した場合（賣主が解除するとき）などにも、原則として、解除の時を標準としてよい。然し、買主がその騰貴している間に處分したであろうと推測すべき特別の事情があるとき（大判昭和六・四・一五新聞三二六六號一五頁は商人は轉賣すると推測すべしという）、または、賣主が價格の下落している間に處分せざるを得なかつたと推測すべき特別の事情があるときは、その時の時價を標準とすべきであろう。履行不能を理由として解除する場合には、とくに問題となる。

〔三一八〕（e）履行期の價格によらずに、原則として解除の時の價格によるという標準は、一應正當である。けだし、履行期に履行された目的物は、解除の時にも、原則として、債權者の所有に存すると推測し得るのみならず、解除をした者は、その時にも、——履行が可能である限り——本來の給付を請求することもできたはずだからである。然し、催告期間が滿了してから解除をするまでの期間に、——スイス債務法と異なり——制限を設けない民法の下においては、價格の騰貴した時を狙つて解除することも考えられないではない（大判昭和九・一〇・三一新聞三七七一號一一頁は催告期間滿了後二年を經過した後に解除した例、もつとも債權者が不誠實な事例ではないようである）。損害賠償額を算定する標準時期を解除の時となし、損害賠償請求の時——またはそれまでの中間最高價格の時——ではないという右の理論は、この不都合を緩和する（大判大正九・八・二八民一二九八頁は解除後一年を經過してからその時の時價を標準として請求して否定された事例）。然し、履行期ではなく解除の時だとすることは、なお惡用されるおそれがある。前に、催告期間滿了後あまり長い間解除しないときは、信義則によつて解除權の消滅を認むべき場合があるといつたが（〔二一四〕〔三〕）、解除權の消滅とまでは認め得ない場合にも、損害賠償額の算定に當つては、信義則を考慮すべき必要が大きいであろう。

〔三一九〕（ロ）解除による損害賠償の請求權（損益相殺による殘額）は、その支拂を催告した時（正確にいえば催告の到達した翌日）から遲延利息を生ずるものとされている（大判大正一〇・五・二七民九六三頁（判民七八事件我妻評釋參照））。

〔三二〇〕 (3)特約によつて、本來の給付に代る賠償額が豫定されているときは、解除されても、この豫定額に關する特約は效力を失わず、解除による損害賠償の基準となると解すべきである。けだし、この豫定は、債務不履行による損害賠償についてその損害額算定の爭いを避けようとする趣旨をもつに過ぎないものだからである（フランス民法學者が同樣に解することにつき〔一九八〕參照）。但し、賠償額の豫定といわれるもののうちには、遲延賠償（これは解除の場合の標準とはならない）と塡補賠償だけでなく、債權者が、その負擔する債務を免れ、相手方がそれを差し引いた損害額として支拂うべき額が豫定される場合も少なくない。さような場合に債權者が解除したときは、債權者は、その豫定額を請求し得ることは明らかである。けだし、その豫定額は、塡補賠償額と、債權者が自分の債務を免れることによる利益との差引殘額、すなわち、正に解除の際に請求し得る額を示すものだからである（債總〔一八四〕參照）。

第四　解除による債權債務の牽連性

〔三二一〕 解除によつて兩當事者の負擔する原狀回復義務及び損害賠償義務は、同時履行の關係に立つものとされる（五四六條）。けだし、一個の契約の解消によつて兩當事者互に契約のなかつた狀態を回復しようとする債權債務は、同時履行の關係に立たしめることが公平だからである（〔一三〇〕參照）。例えば、鑛業權の賣主が賣買契約を解除して登錄の抹消を請求するには、すでに受領した一部代金と受領の時からの利息とを提供しなければならない（大判明治三四・一一・一一民一〇卷三五頁）。また、賣主が解除して損害賠償を請求する場合にも同樣である（大判昭和四・七・六評論一九卷民一七四頁）。もつとも、後の場合には、差引勘定をして請求すれば、提供の問題を生じないことはいうまでもない。

第四項　法定解除權の消滅

第一　民法の定める特殊の消滅原因

〔三二二〕一　相手方の催告による消滅

解除權の行使について期間の定めがない場合には、相手方は、解除權を有する者に對して、相當の期間を定め、解除をするかどうかをその期間内に確答すべき旨を催告することができる。そして、その期間内に解除をする旨の意思表示が到達しなかつたときは、解除權は消滅する（五四七條）。

（a）解除權を有する者の相手方は、解除されるかどうか不安定の状態にあるので、これを保護するために認めたものであつて、無能力者や無權代理人の相手方に催告權を認めるのと同様の趣旨である（一九條・一一四條參照）。

（b）催告によつて解除權の消滅するのは、多くは、約定解除權についてであろう。然し、法定解除權についても、——催告期間が満了しまたは履行不能を生じた後に——相手方は催告權を有することは疑いない。但し、催告によつて解除權が消滅しても、債權者は、なお、本來の給付（履行遅滞の場合）または塡補賠償（履行不能の場合）を請求する權利を失わないといわねばならない。

なお、特殊の法定解除權については、行使期間が定められている場合が多い（五六四條—五六六條・六三七條・六四一條など）。

〔三二三〕二　解除權者による目的物の毀損等による消滅

解除權を有する者が、自己の行爲または過失によつて著しく契約の目的物を毀損し、もしくはこれを返還することができないようにし、または加工もしくは改造によつてこれを他の種類の物に變じたときは、解除權は消滅する（五四八條一項）。

〔三二四〕（イ）解除權者についてかような事情を生じても、價格による原狀回復義務を認めることができる（〔三三〇〕參照）。然し、それでは相手方に充分の利益を與えることができないから、むしろ解除權を消滅させる方が公平だという理由によるものである。

〔三二五〕（ロ）從つて、解除權を有する者といつても、解除權が發生して後であることを必要としない。債權者が一部の履行を受け、その物について右のような事情を生じたときは、やはり解除することはできなくなる。すなわち、解除權は發生しない（通說、—但し後の〔三二六〕c參照—）。

〔三二六〕（ハ）以上の趣旨からみるときは、契約の目的物というのは、解除權を有する者に契約の履行として給付されたものをいうことは明らかである。そして、——

（a）「行爲又ハ過失」とは、故意過失の意味と解すべきである。フランス民法の le fait ou la faute に倣つた語であり、立法の趣旨からみてもそう解するのを妥當とするからである（通說）。なお、故意過失は、解除權の存在（または發生）についてではなく、毀損・滅失などについてである（通說）。

（b）返還することができなくなるとは、滅失した場合だけでなく、第三者に讓渡した場合も含まれる（通說）。

（c）注意すべきことは、毀損・返還不能・加工改造による改變などが、目的物の僅少な部分について生じたときは、公平の原則からいつて、なお全部についての解除權を失わないものと解すべきことである（大判明治四五・二・九民八三頁（山林の買主が履行を受けた一部のうち僅少な木材に加工した事例））。もつとも、給付の内容が可分であるときには、原則として、右のような事情を生じた部分を除き、他の部分について解除を認むべきものであろう。

第二　その他の主要な消滅事由

〔三二七〕 **一**　すでに述べたように、一般的な法定解除權は、（a）債務の本旨に從つた履行または履行の提供によつて消滅する（〔三二四〕）。また、（b）信義則上消滅を認むべき場合もある（〔三二四〕）。なお、（c）解除權を放棄することができる（通説）ことも前述の通りである（〔三二四〕）。そして豫め放棄することもできるとされている（大判明治三七・九・一五民一一一五頁（債務不履行の後に契約の繼續を合意した事例））。

二　解除權の消滅時效

〔三二八〕 (1)解除權は形成權であつて債權でないことを理由として、――第一六七條二項を適用して――その消滅時效期間を二十年と解する説がある（鳩山二四八頁）。然し、これについて消滅時效を認めるなら（次段參照）、債權と同様に、十年と解する判例（大判大正六・一一・一四民一九六五頁（商事の定期賣買の期限徒過による解除權は、期限徒過によつて解除權の生じた時から五年で消滅時效にかかる））を支持すべきである（近時の多數説）。けだし、解除によつて生ずる原狀回復請求權よりも長く存續させることは、――直ちに解除した場合よりも解除せずにおいた方が長く相手方の責任を問い得ることになつて――權衡を失するからである（總則〔四九九〕ロ參照）。

然し、法定解除權については、本來の債務の消滅時效の他に解除權自體の消滅時效を考える餘地があるかどうか、甚しく疑問がある。なぜなら、法定解除は、これに基づく損害賠償の請求はもとより、原狀回復の請求も、要するに、債務不履行の責任の一つである。それなら、本來の債務が時效で消滅した後に、その責任を問うことは許されないはずであろう。詳説すれば、第一に、解除をした上で請求する損害賠償請求權が、本來の債務の不履行を理由とするものだという以上、それは、本來の債務と同一性を有するものだから、本來の債務の履行期から十年で消滅時效にかかるはずである。このことは、履行不能を理由として解除權が發生した場合を考えれば、疑問の餘地がないほど明瞭であろう。けだし、履行期を經過した後に履行不能となつて解除權を生じた場合に、本來の債務が時效で消滅した後にも、解除をして塡補賠償を請求することができると考えることは、許されないはずだからである。そして、この理論は、履行期を經過した後に、遅滯を理由として催告をし、解除權が生じた場合にも全く同様であろう。けだし、解除の前提として催告がなされても、それだけでは、完全な中斷は生じないからである（一五三條）。第二に、そうだとすると、原狀回復義務についても同様だといわねばなるまい。けだし、債務者の責に歸すべき事由によつて履行不能となつた場合に、塡補賠償請求權が――本來の債務の履行期から十年を經過したために――時效で消滅した後に、解除して原狀回復の請求だけをすることができるといつては、やはり、本來の債務の不履行の責任を問うことを許す結果となるからである。そして、履行遅滯を理由とする場合にも、理論は全く同様だといわねばなるまい。

　そうだとすると、結局、本來の債務が時效で消滅した後には、解除權を行使することができず、從つて、法定解除權については、特別の消滅時效を考える餘地はないことになるであろう。

〔三二九〕　(2)右の理論をさらに推及すると、解除權を行使することによつて生ずる原狀回復義務についても、別箇の消滅時效を考えることは許されないことになる。なぜなら、本來の債務が消滅時效にかからない間に解除權を行使しても、損害賠償請求權の時效には影響しないはずであり、從つてまた、その時效消滅後においては、原狀回復の請求も認められないこと、前段に述べたと同樣なはずだからである。判例は前に一言したように(〔三二〇〕(一)c)、反對の見解を示す。すなわち、堤防に定着する石垣の賣買において、買主が履行期より十年近く經過した後に解除して、さらに數年の後に、すでに支拂つた代金の返還請求をする事例について、――原狀回復請求權は解除によつて新たに發生した債務であることを理由として――消滅時效にかからないものとする(大判大正七・四・一三民六六九頁)。然し、債務不履行の責任を問い得なくなつた債權者が、解除をしたからといつて、原狀回復請求權だけは行使し得るとすることは、正當な理論ではないと思われる。

なお、別の觀點から考えると、そもそも形成權は、それ自身としては內容のないものであつて、解除權についていえば、契約を解消させて、原狀回復や損害賠償を請求する手段に過ぎない。從つて、形成權とその行使によつて主張し得る法律效果とを一體とみて、形成權（解除權）の存續中に兩者を主張しなければならないと解するのが正當であろうと思われる。然し、この問題は、取消權その他の形成權に共通のものとして形成權の本質に觸れるものだから、他日の研究に委ねる他はない(總則〔四三九〕・〔四九九〕ハ參照)。ここでは、法定解除權の性質だけを理由として考えるに止める。

第三款　約定解除

〔三三〇〕　第一　約定解除の特色

約定解除とは、契約によつて、一方の當事者または雙方の當事者が解除權を保留し、その解除權の行使によつて、契約を解除することである（〔一八四〕・〔一九九〕參照）。その法律關係は、契約によつて解除する場合（解除契約）と異なり、法定解除に酷似する。ただ、解除權の發生原因に特色を有するだけである。但し、解除權を留保する契約において、その解除權の行使方法や效果についても特別の定めをすることもあろう。その場合には、この特約に從うべきことはいうまでもない。

民法は、前に一言したように、解除權の發生については、法定解除權だけに適用される規定（五四一條—五四三條）をおいたが、その他の規定は、すべて、法定解除と約定解除の兩方に共通のものである。從つて、前款に述べたことのうち、法定解除權の發生（第二項）、及び法定解除の效果（第三項）の中の債務不履行を理由とするものすなわち損害賠償の請求（第三）に關するもの以外は、約定解除にもあてはまる。然し、前款では、法定解除を念頭において說明してきたから、ここに、約定解除についてとくに注意すべき點を指摘する。

重要なことは、前に述べたように、法定解除權と異なり、履行という觀念を殘さない契約——例えば、更改契約や相殺・免除を目的とする契約など——についても、解除權を留保することができることである（〔二一〇〕參照）。

〔二三一〕
第二　約定解除權の發生

約定解除權は、契約によつて生ずる。解除の對象となる契約で定められることを必要としない。契約が締結された後に、別な契約で解除權を保留することにしてもよい。また、契約が履行される前にだけ解除し得るものとしてもよいし（手附の交付がこれにあたる（五五七條參照））、契約が履行された後に解除し得るものとしてもよい（買戻がこれに當る（五七九條以下））。

なお、相手方の債務不履行を理由とする法定解除權について、その發生原因を輕減する特約をすることもあり得る。これも約定解除權と呼ばれることもないではないが、むしろ法定解除として取り扱うことが至當であろう（〔一九九〕・〔二四〇〕參照）。

第三　約定解除權の行使

約定解除權の行使は、法定解除權の行使と異ならない。すなわち、——

〔三三二〕(1)相手方に對する意思表示によつてこれをなし、撤回は許されない（五四〇條、〔二七四〕—〔二七八〕參照）。條件や期限を附することも許されないと解すべきである（〔二七九〕參照）。もつとも、特約があるときは別である。なお、買戻については、受領した代金と契約の費用を返還することが解除權行使の要件とされている（五七九條參照）。約定解除權については、その行使の要件が定められる場合が多いことを注意すべきである。

〔三三三〕(2)解除の不可分性も、法定解除におけると同様に認むべきである（五四四條）。けだし、契約の一方または雙方の當事者が多數ある場合に、一部の者の間にだけ解除を認めることは、法律關係を複雜にするのみならず、特約のない場合の當事者の意思にも反することは、約定解除においても同様だからである（〔二八一〕—〔二八八〕參照）。

第四　約定解除の効果

〔三三四〕(1)約定解除の効果は、法定解除の効果と同じく、契約が遡及的に消滅することである。のみならず、ここでは、債務不履行による損害賠償請求權は存在しないから、直接効果説を貫いても支障を生じない

(〔二九五〕參照)。

〔三三五〕(2)約定解除の效果としては、法定解除と同様に、(a)解除された契約から生じた法律效果は遡及的に消滅する。そして、解除された契約によつて消滅させられた權利や、解除によつて消滅する債權の存在を條件として消滅した權利は、復活する(〔二九六〕—〔二九九〕參照)。但し、(b)第三者の權利を害し得ないという效果(五四五條一項但書)は、約定解除についても認めねばならない(〔三〇八〕—〔三一〇〕參照)。けだし、當事者間の契約で保留された解除權によつて第三者の權利に影響を及ぼすことを認むべきではないからである。但し、買戻の場合のように法律に特別の規定があれば、もとより別問題である(五八一條參照)。(c)いわゆる原狀回復義務の範圍(〔三〇〇〕—〔三〇七〕參照)、及び雙方の當事者が原狀回復義務を負擔する場合に同時履行の關係に立つこと(五四六條〔三二一〕參照)も法定解除におけると同様である。ただ、ここでは、當事者が原狀回復の範圍についても特約する場合が多いであろうということ、保證人がつけられたときは、原則として原狀回復義務を保證する趣旨であることが多いこと、及び、買戻については特別の規定のあること(五七九條・五八四條・五八五條)などを注意すべきである。

〔三三六〕(3)重要なことは、約定解除の效果として損害賠償義務を生じないことである。もつとも、法定解除における損害賠償請求權は、債務不履行の責任が殘存するものだと解するときは、もとより當然のことである(〔三一一〕參照)。民法は、手附の授受による約定について特に規定を設けているが(五五七條二項)、注意的規定に過ぎない。

第五　約定解除權の消滅

〔三三七〕(1)民法に定める二つの特別な消滅原因(相手方の催告及び目的物の毀損等)は、約定解除權の消滅について適用をみる場合が多いのではないかと思われる（五四七條・五四八條〔三二二〕―〔三二六〕參照）。但し、買戻はもちろん、手附の授受による解除權についても、その行使について期間の定めがあり、從つて第五四七條の適用はないと解すべきである。

〔三三八〕 (2)その他の消滅事由としては、（a）放棄はもちろん可能である（〔三二七〕c參照）。然し、（b）債務不履行者の履行または履行の提供によつて消滅するという問題は生じないことはいうまでもない（〔三二七〕a參照）。（c）消滅時效はここでも問題である。第一に、法定解除權と異なり、約定解除權については、獨立の消滅時效を考えねばならないことはいうまでもない（〔三二八〕參照）。そして、その消滅時效期間は、原則として十年と解するのが正しい。然し、買戻權や再賣買の豫約完結權などについても十年とすべきかどうかは甚だしく疑問である（總則〔四九九〕ロ參照）。第二に、解除して後、その原状回復義務を更に十年繼續させるべきかどうかは、形成權の本質からみて、甚だ疑問である（〔三二九〕末尾參照）。少なくとも、解除權の存續期間が約定された場合には、當事者の意思は、その期間内に原状回復請求權をも行使すべきものとする（もちろん起訴すればよい）趣旨である場合が多いのではあるまいかと思う。

第四款　解除契約（合意解除）

第一　解除契約の意義及び性質

〔三三九〕 **一**　解除契約とは、既存の契約を解消して契約がなかつたと同一の状態をつくろうとする契約であつて、合意解除または反對契約とも呼ばれる。契約自由の原則から、法律に特別の制限（農地法二〇條が合意解約を制限するのが一例）のない限り、その有效なことはいうまでもない（大判明治四五・五・二九民五三九頁）。わが國には、その例が案外に多い。

解除契約がどんな目的で行われるかは、一概にはいえない。然し、履行が完全に終って契約の目的が達せられてから後に、解除契約をして契約以前の狀態に歸ろうとする場合は、むしろ少ないであろう。やはり、一方の當事者が契約を完全に履行しないとか、履行の困難な事情がある場合に、解決策としてなされる場合が多いであろう。そして、そのような場合には、一方の當事者が何等かの補償ないしは賠償をすることを條件とすることも少なくない。從って、解除契約の純粹な姿としては、損害賠償を伴うものではないとしても、各場合に、そのような條件の有無について特に注意しなければならない。

〔三四〇〕二　解除契約は、（a）契約全部を解除する契約でも、量的の一部を解除する契約でも、質的な一部すなわちある約款だけを解除する契約（大判大正一〇・三・三一民六七七頁は買戻約款だけの解除を認めた事例）でも、さしつかえない。もっとも、契約で留保された權利（解除權とか再賣買をする權利など）を消滅させる契約などは、權利を放棄する合意といえば充分であって、契約の一部解除という必要のない場合が多い。然し、當事者が原契約の一部を遡及的に消滅させるという意思で解除契約という場合には、あえて解除でないとする必要もあるまい。

（b）債權の讓渡だけを目的とする契約や代物辨濟契約が完全に行われて、何等履行という問題を殘さないときには、法定解除權を生ずる餘地がないこと前述の通りであるが（〔二〇八〕・〔二〇九〕參照）、かような場合にも、解除契約をすることができることは疑いない。

（c）默示の契約で解除されることもあり得る。契約の履行について兩當事者が互に交涉し、結局履行をあきらめて、雙方が契約上の債務の履行と兩立しないことをやっているような場合には、默示の解除契約を認定すべき事情があるといえよう（大判大正八・一〇・九民一七六一頁）。

〔三四一〕 三 解除契約は、一種の契約であるから、その要件や效果は、すべて契約の趣旨と契約の一般理論によつて決すべきである。民法の解除に關する規定を適用すべきではない（通說・判例）。

第二 解除契約の效果

〔三四二〕 一 解除契約は、契約がなかつたと同一の法律效果を生じさせようとする趣旨のものだから、對象となつた契約から生じた法律效果は、すべて遡及的に消滅する。その意味では、解除の效果に關する直接效果說と同樣である（〔二九五〕參照）。但し、民法の解除に關する特則の適用はない。

二 契約から生じた效果が遡及的に消滅する結果として、――

〔三四三〕 (1)まだ履行されない債務は、遡及的に消滅して、履行する必要がなくなることはいうまでもない。

〔三四四〕 (2)すでに辨濟されて消滅した債務は復活する。從つて、給付されたものは、不當利得返還債務として、第七〇三條以下の適用を受ける（大判昭和六・四・二四新聞三二六八號一六頁（受領した代金は不當利得となるという））。特約のない限り、民法の原狀回復に關する特則に從うべきではない。從つて、受取つた金錢を返還する場合にも、利息をつける必要はない（大判大正八・九・一五民一六三三頁、同大正一一・九・一六新聞二〇四三號二七頁）。手附も、特別の事情のない限り、返還すべきである（大判昭和一一・八・一〇民一六七三頁、但し、手附を沒收して解除する契約であるときは別である（判民一一四事件戒能評釋參照））。但し、當事者の雙方が原狀回復義務を負うときは、同時履行の關係に立つと解すべきである。けだし、一箇の契約關係を解消して相互に原狀に回復させようとする債務は、同時履行の關係に立たせることが公平に適すること、まさに解除におけると同樣だからである（五四六條、〔三〇一〕參照）。

〔三四五〕 (3)解除された契約が賣買・交換などであつて、その契約によつて物權や債權の移轉を生じていた場合には、解除契約によつて物權や債權は當然に復歸する。けだし、ある契約を遡及的に解消させようとする當事者の意思は、その契約から生じた法律的效果を全部消滅させようとするものと解すべきだからである（大判明治四五・五・二九民五三九頁（買戻權讓渡契約を解除する契約によつて買戻權は當然復歸する）、同大正六・六・一六民一一四七頁（交換契約の解除契約の例））。同樣に、債權讓渡契約が解除されれば、債權は當然に復歸する（大判大正一四・一〇・一五民五〇〇頁、同昭和三・一二・一九民一一一九頁）。代物辨濟契約が解除されれば、代物辨濟として讓渡された物權や債權は當然に復歸する（大判大正四・一一・二〇民一八七一頁）。

但し、解除契約によつて物權や債權の當然復歸を生じた場合にも、第三者に對する關係では、對抗要件を必要とすることはいうまでもない。債權が當然復歸する場合について、判例は、はじめ對抗要件（通知または承諾）はいらないといつたが（大判大正一四・一〇・一五民五〇〇頁）、後に改めた（大判昭和三・一二・一九民一一一九頁）。

〔三四六〕　(4)解除された契約によつて消滅した權利及び解除によつて消滅する債權の存在を條件として消滅した權利は復活する。すなわち、債務免除契約が解除されれば、免除された債務は復活する（大判昭和四・三・二六新聞二九七六號一一頁）。更改契約が解除されれば、舊債權は復活する（大判大正六・四・一六民六三八頁（但し對第三者關係につき次段參照））。これらの關係は法定解除におけると同樣である（〔二九八〕・〔二九九〕參照）。

〔三四七〕　(5)解除契約の遡及效が第三者の權利を害し得ないことはいうまでもない。けだし、契約の效力は第三者に影響を及ぼさないことを原則とするからである。例えば、債權者と連帶保證人との間の相殺契約で債務を消滅させた後に、その相殺契約を合意解除しても、解除契約に關係のない債務者に對する債權は復活しない（大判昭和三・二・一五民二五五頁）。數人の債務者と債權者との更改契約で、一人の者だけが債務者となることにした後に、債權者と新債務者との間で更改契約を合意解除しても、他の債務者の債務は復活しない（大判大正六・

四・一六民六三八頁)。法定解除や約定解除と異なる點である(〔二九八〕參照)。

なお、合意解約(告知)の例ではあるが、賃貸人と賃借人との間で賃貸借契約を合意解約(將來に向つて終了)しても、適法な轉借人の地位に影響を及ぼさないとされることも、注目すべき事例である(大判昭和九・三・七民二七八頁など多數)。

〔三四八〕 (6) 損害賠償請求權を生じないのが通例だが、當事者間で特に補償ないし賠償の特約があればこれに従うべきことはいうまでもない。

■岩波オンデマンドブックス■

債権各論 上巻　(民法講義 V_1)

1954 年 12月 7 日　第 1 刷発行
2013 年 11月 5 日　第56 刷発行
2019 年 7 月10日　オンデマンド版発行

著　者　我《わが》妻《つま》 栄《さかえ》

発行者　岡 本　厚

発行所　株式会社 岩波書店
〒 101-8002　東京都千代田区一ツ橋 2-5-5
電話案内　03-5210-4000
https://www.iwanami.co.jp/

印刷／製本・法令印刷

ISBN 978-4-00-730903-8　　Printed in Japan